融合型·新形态教材
复旦学前云平台 fudanxueqian.com

普通高等学校学前教育专业系列教材

数字书法入门教程
楷 书

武千嶂 著

U0433792

復旦大學出版社

内容提要

本书展示了一个崭新的楷书书法教学方法，既有科学的严谨性，又有活泼的灵动性。

本书作者经多年的教学经验和创作实践，独辟蹊径，创造了一种以简易中国数字为载体的递进式快速入门教学方法：数字书法。这一书法学习系统循序渐进，通俗易懂，将传统的楷书严谨而刻板的规矩，化为简单的十个数字直接入门，突破了传统教学中的多道沟坎，以直通车的方法快速进入文字训练。掌握了十个数字，就等于掌握了所有的楷书笔画。在学会了数字的同时也练好了类似的很多字，数字入门很好地缩短了初学者的基础学习周期，将初步学到的文字，叠加发展，可以直接而快速的进入学习书法艺术的层面。

本书配有视频光盘，每个字都由作者亲自书写演示，便于学习者直观模仿和书写练习。

前言

Foreword

楷书，又称正书或真书，是汉字书法中常见的一种字体。楷书之名有榜样之意，即为书法之楷模，其字形体正方，中规中矩，一般认为学习书法，楷书是重要基础。

楷书书法教学应该作为一种“科学”进行研究。古人讲的“永”字八法，内含深奥，兼得法度，简单的五笔八法，凝聚着楷书艺术规律性的方法，每一笔都有其独到的要求。传统书法的精美都集中在点画之中。传统的教学方法一般是师傅带徒弟，小范围中手把手地进行教学，严格地传授着笔画技巧，效果虽然不错，然呈现的是一种被动的学习方法。机械的学习，导致众多的受众只能“依葫芦画瓢”，只知其表面的美而不知其内在的根本之美，更不能以自己的理解来扩充规律性的美，只能“十年磨一剑”，消耗大量的时间，艰难地练就楷书书法。这种被动的教学形式，在现在的大课堂教学中并不适宜，作为教师可以尝试以现代的教学观念，巧妙地运用传统的精华，普及中国的楷书艺术。

我经多年的教学经验和创作实践，创造了一种以简易中国汉字数字为载体的递进式快速入门教学方法《数字书法入门教程：楷书》。这一教程系统循序渐进，通俗易懂，将传统的楷书严谨而刻板的规矩，化为简单的十个数字直接入

Foreword

门，突破了传统教学中的多道沟坎，以直通车的方法快速进入文字训练。通过对单调的数字进行严格训练，清晰解疑赋予在这一数字笔画中所蕴含的用笔技巧，精确概括笔法中的精华要领，做到一丝不苟，笔笔到位，出笔成型。在解决了数字用笔的书写方法后，“变奏”这一类似的笔画，练习派生出其他笔画样式。熟练了这一类基本数字笔画后，就可以练习众多的类似这一数字笔画的字，如掌握了“一”“二”“三”“十”数字后，就可以顺势练习“工”“土”“王”“丰”“上”“止”“正”等；如掌握了“六”字，就可以掌握所有的点画；掌握了“八”字，就解决了撇捺问题；掌握了十个数字，就等于掌握了所有的楷书笔画。在学会了数字的同时也练好了类似的很多字，数字书法很好地缩短了初学者的基础学习周期，将初步学到的文字，叠加发展，可以直接而快速地进入学习书法艺术的层面。从局部的学习美到整体的表现美，由单字发展到词组，再由对联到诗词，在练习多字中学习书法中的多种章法。这种学习方法要比传统的教学方法简易得多，见效也更快。

这是一种崭新的楷书书法教学方法，既有科学的严谨性，又有活泼的灵动性，每一步都建筑在成功的信心之中。每一位老师还可以根据自己所擅长的字体，运用这一教法模式，融合自己的教学经验，扬长避短，在短时间内就可以取得良好的效果。希望本书能得到书法教师们的青睐。

华东师范大学　武千嶂

2013 年 2 月

目录

Contents

Contents

第一讲　楷书简介

楷书又称正书，或称真书。其特点是：形体方正，规整有度，可作楷模，故名。

一、发展历史

宋宣和书谱“汉初有王次仲者，始以隶字作楷书”认为楷书是由古隶演变而成的。据传：“孔子墓上，子贡植的一株楷树，枝干挺直而不屈曲。”楷书本笔画简爽，必须如楷树之枝干也。

初期“楷书”，仍残留极少的隶笔，结体略宽，横画长而竖画短，在传世的魏晋帖中，如钟繇的《宣示表》、《荐季直表》，王羲之的《乐毅论》、《黄庭经》等，可为代表作。观其特点，诚如翁方纲所说：“变隶书之波画，加以点啄挑，仍存古隶之横直。”

东晋以后，南北分裂，书法亦分为南北两派。北派书体，带着汉隶的遗型，笔法古拙劲正，而风格质朴方严，长于榜书，即魏碑是也。

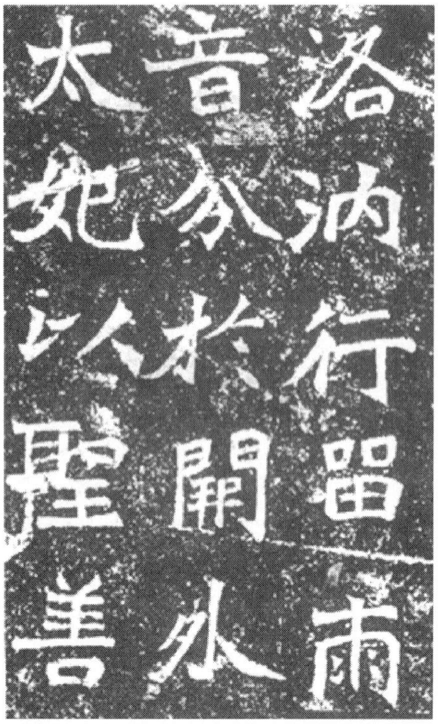

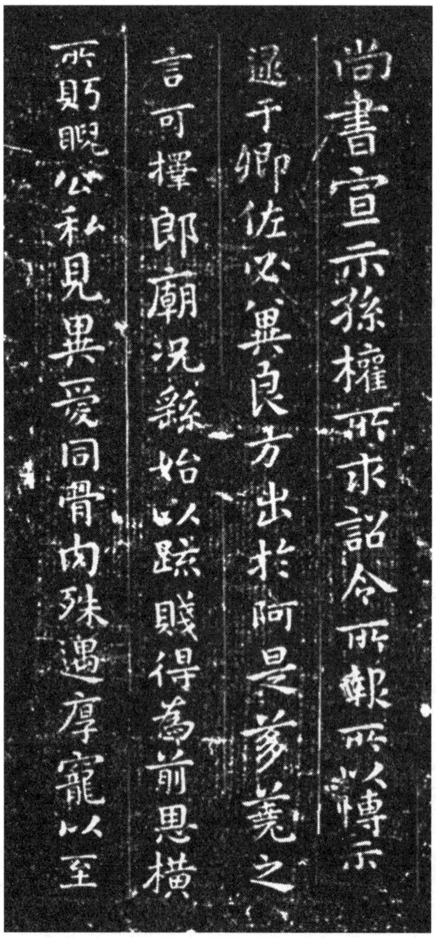

南派书法，多疏放妍妙，长于尺牍。南北朝，因为地域差别，个人习性、书风迥然不同。北书刚强，南书蕴藉，各臻其妙，无分上下，而包世臣与康有为，却极力推崇两朝书，尤重北魏碑体。康氏举十美，以强调魏碑的优点。

唐代的楷书，亦如唐代国势的兴盛局面，真所谓空前。书体成熟，书家辈出，在楷书方面，唐初的欧阳询、中唐的颜真卿、晚唐的柳公权，其楷书作品均为后世所重，奉为习字的模范。

二、楷书名人

楷书的大家林立，像王羲之、王献之、虞世南、褚遂良、欧阳询、颜真卿、柳公权、赵孟頫等。

1.“书圣”——王羲之

在书法史上最具影响力的书法家当属王羲之。东晋书法家、文学家，字逸少，琅琊临沂人，后移居会稽山阴（今浙江绍兴），有“书圣”之称，亦长于诗文，但文才多为书法之名所掩，不为世人所重。曾任右将军、会稽内史等职，世称王右军，人称“书圣”。王羲之的行书《兰亭序》被誉为“天下第一行书”，论者称其笔势以为飘若浮云，矫若惊龙，王羲之的传世墨迹可以让你对“精彩绝伦”四个字有深刻的体会。他的作品美妙优雅，无雷同乏味之嫌。中国书艺在他笔下成为绝顶，其后各代大家只是在某些方面进行了不同程度的发展和完善：或意或法、或韵或势，局部过之者不乏其人，整体而论，无出其右。

2. 欧阳询——欧体

欧阳询生于南朝陈武帝永定元年（557），卒于唐太宗贞观十五年（641），字信本，潭州临湘人（今湖南）。以楷书和行书著称，为书法史上第一大楷书家。其字体被称为“欧体”，与颜（真卿）体、柳（公权）体、赵（孟）体并驾齐驱。

风格特点

欧阳询的书法由于熔铸了汉隶和晋代楷书的特点，又参合了六朝碑书，广采各家之长。欧阳询书法风格上的主要特点是严谨工整、平正峭劲。字形虽稍长，但分间布白，整齐严谨，中宫紧密，主笔伸长，显得气势奔放，有疏有密，四面俱备，八面玲珑，气韵生动，恰到好处。点画配合，结构安排，则是平正中寓峭劲，字体大都向右扩展，但重心仍然十分稳固，无欹斜倾侧之感，而得寓险于正之趣。

用笔特点

欧阳询书法用笔方正，略带隶意，笔力刚劲，一丝不苟。清包世臣曾说：“欧字指法沉实，力贯毫端，八方充满，更无假于外力。”就是说，欧字强调指力，写出的笔画结实有力，骨气内含，既不过分瘦劲，又不过分丰满。每一笔画都是增一分太长，减一分太短，轻重得体，长短适宜，恰到好处。欧字的用笔还讲究笔画中段的力度，一些横画看上去中段饱满，得“中实”之趣；一些字的主笔都向外延伸，更显中宫紧密，尤其是右半边的竖画，常向上作夸张延伸，显示其超人的胆魄。这些都是欧字用笔的独特之处。

代表作品

《九成宫醴泉铭》是欧阳询的代表作之一。铭文由魏征撰，记载了唐太宗在九成宫避暑时发现涌泉的事。欧阳询奉敕书。

此碑书法，高华庄重，法度森严，笔画似方似圆，结构布置精严，上承下覆，左揖右让，局部险劲而整体端庄，无一处紊乱，无一笔松塌。明陈继儒曾谓："此帖如深山至人，瘦硬清寒，而神气充腴，能令王公屈膝，非他刻所可方驾也。"

原碑 24 行，1 108 字，由于年久风化，加之椎拓过多，断损严重，后人又加以开凿修补，以致笔画锋芒全失。传世最佳拓本是明代李琪旧藏宋拓本，今藏北京故宫博物院。

3. 颜真卿——颜体

颜真卿（709~785）唐代书法家。字清臣，京兆万年（今陕西西安）人，祖籍琅琊临沂（今山东临沂）。书史亦称颜鲁公，为人刚直不阿。唐代书法革新家，为盛唐书法树立一面旗帜。颜真卿自幼学书，又得到张旭亲授，并师法蔡邕、王羲之、王献之、褚遂良等人，融会贯通，加以发展，形成独特风格。其楷书结体方正茂密，笔画横轻竖重，笔力雄强圆厚，气势庄严雄浑，人称"颜体"。

风格特点

颜真卿的书法，有他独特的风格和笔法。他所留下的碑帖很多，后世的书法家认为从他的一些碑帖中可以找到"圆笔"的痕迹，和其他书法家的"方笔"不同。

颜真卿被使用圆笔的书法家奉为开

创者。他和使用方笔的王羲之，都对后世产生既深且远的影响。

颜真卿是书史上居承前启后地位的伟大人物，他的正书，向以博厚雄强著称，“锋绝剑摧，惊飞逸势”，以《颜世家庙碑》为代表；至于摩崖大家，气势磅礴，以《大唐中兴颂》最著。

在中国书法史上占有特殊地位，唯一能和大书法家王羲之互相抗衡，先后辉映的，就是颜真卿了。他的书法，以楷书为多而兼有行草。用楷书所写之碑，端正劲美，气势雄厚。他生于楷书流行之际，与王羲之之典型相对，导开书法新风气。

现存作品

颜真卿现存的书法作品有：《多宝塔碑》、《颜氏家庙碑》、《颜勤礼碑》、《麻姑仙坛记》、《祭伯文稿》等。他和唐代另一位以楷书成名的书法家柳公权，被人合称为“颜柳”。

他的书迹作品众多，据说流传下来的有130多种。为后人重视的楷书有《多宝塔碑》、《东方画赞碑》、《麻姑仙坛记》、《郭家庙碑》、《颜勤礼碑》等。这些碑刻楷书，有个性，有特点，有正面不拘，庄而不险的气势。

4. 柳公权——柳体

柳公权生于唐玄宗大历十三年（778），卒于懿宗咸通六年（865）。字诚悬，京兆华原（今陕西耀县）人。唐代著名楷书家。

风格特点

晚唐书法经历盛中唐之后，盛极而衰，柳公权虽号一时中兴，但与颜书相比，仍略有高下之分。唐代书法隆盛一时，至此已见式微。柳公权的楷书参有欧阳询的笔法，往往将部分笔画紧密穿插，使宽绰处特别开阔，笔画细劲，棱角峻厉，虽用笔出自颜真卿，而与颜真卿的浑厚宽博不同，显其独特的逼人英气。

代表作品

他的传世书迹很多，影响较为突出的有《玄秘塔碑》、《神策军碑》、《金刚经》等。

1)《神策军碑》：楷书，唐会昌三年(公元843年)立。这是柳公权的代表作之一，较后世熟知的《玄秘塔碑》书体风格更有特色，结体布局平稳匀整，左紧右舒，也是较好的临写范本。

2)《柳书金刚经》：楷书，唐长庆四年(公元824年)四月刻。原石毁于宋代。有甘肃敦煌石室唐拓孤本传世，一字未损，今在法国巴黎博物院。评论家认为楷书金刚经，具备了钟(繇)、王(羲之)、欧(阳询)、虞(世南)、褚(遂良)、陆(东之)各体之长，有很高艺术价值。

3)《玄秘塔碑》：楷书，唐会昌元年(公元841年)二月立，原碑现存陕西西安碑林。此碑在传世的书迹中，最为著名，是历来影响最大的楷书范本之一。

5. 赵孟頫——赵体

赵孟頫(1254~1322)字子昂，号雪松道人，又号水晶宫道人，湖州(浙江吴兴)人。官至翰林学士承旨，荣禄大夫，封魏国公，谥文敏。著有《松雪斋集》。赵孟頫是元代初期很有影响的书法家。《元史》本传讲，“孟頫篆籀分隶真行草无不冠绝古今，遂以书名天下。”赞誉很高。据明人宋濂讲，赵氏书法早岁学“妙悟八法，留神古雅”的思陵（即宋高宗赵构）书，中年学“钟繇及羲献诸家”，晚年师法李北海。此外，他还临抚过元魏的定鼎碑及唐虞世南、褚遂良等人，集前代诸家之大成。诚如文嘉所说：“魏公于古人书法之佳者，无不仿学。”所以，赵氏能在书法上获得如此成就，是和他善于吸取别人的长处分不开的。

风格特点

赵孟頫能在书法上获得如此成就，是和他善于吸取别人的长处分不开的。尤为可贵的是宋元时代的书法家多数只擅长行、草体，而赵孟頫却能精究各体。他的文章冠绝时流，又旁通佛老之学。后世学赵孟頫书法的极多，赵孟頫的字在朝鲜、日本非常风行。

代表作品

赵孟頫楷书中也有上乘之作。如《三门记》，结体宽博深稳，运笔酣畅圆润，最适合当字帖。赵孟頫传世作品以行楷居多，大多用笔精到，结字严谨，如《赤壁赋》堪称经典之作。

第二讲　基础练习

书法入门的第一步是学会书写的标准姿势，练习“气”在书法中的作用。第二步是学习掌握执笔和运笔的方法。

一、书写姿势

身体坐正，如古人所云：“坐如钟”之势。头部微微前倾，两肩放松，悬臂悬肘。横线以肩关节为主要活动支点，竖线是以肘关节为主要活动支点，身体基本保持不动，两脚垂地膝盖紧靠，呼吸自然。

二、执笔方法

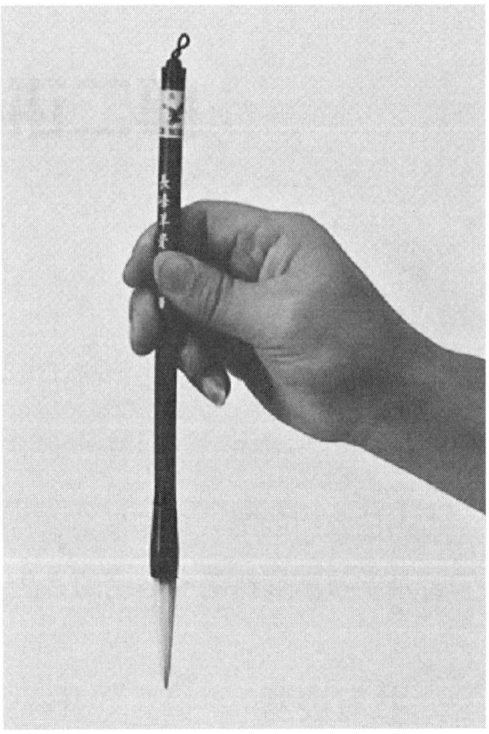

五指执笔法：以拇指和食指的指肚捏住笔杆（执笔处为笔杆的中部），保证笔杆不脱落；中指在食指下面扣在笔的外侧，既加强食指捏笔的力量，又发挥把笔往里钩的作用；无名指的甲肉之际抵在笔杆内侧，起着把笔往外推的作用；小指附在无名指的指肚下部，辅助无名指把笔往外推。握笔时要如古人所说“令掌虚如握卵”，这样便于运笔。学书法要经常练习握笔、钩回、推出和旋转笔杆（加上腕的作用）练习画直线和弧线。

三、运线方法

运线练习主要是让初学者掌握垂直用笔方法，笔尖走在线的中央。快速学习笔力、笔意、骨法和呼吸。

1. 单向横线

横笔线条主要以肩关节为支点，将整个臂膀的力集中在笔尖上，由左边开始起笔略向右上方慢慢地走笔，整个线条是左低右高，略显斜度。（细线和粗线要求反复练习）

2. 单向竖线

竖线主要是由肘关节为支点，将整个臂膀的力集中在笔尖上，由上而下慢慢走笔。练习这种线条是要求线条始终竖直，粗细保持一样，线与线之间的间距也要保持一样。（由于练习竖线有一定的难度，决不可憋着气走笔，粗细线要反复训练，直到轻松驾驭笔线，轻松自然呼吸为止）

3. 连贯直线

这是一种多向练习直线条的方法，由左向右的横线和由上而下的竖线是顺锋之笔，由右向左的横线和由下而上的竖线是逆锋之笔，在走笔中一定要注意笔尖不散，笔尖走在线的中央。所有的顺锋横向都是左低右高，竖线始终竖直，整个图形要求一气呵成，中间不能停断，拐弯处自然转换笔锋。（粗细线条交替练习）

四、提按练习

笔按下去写，笔画就粗，提起来就细。就像人走路的两只脚，一只落下，一只提起，不停地交替一样，笔在写字的过程中也在不停地提按。惟其如此，才能产生出粗细绝不相同的线条来。

每写一个笔画，都有入笔、行笔、收笔三个过程。入笔有“露锋法”，顺笔而入，欲横先竖，欲竖先横，使笔画开端呈尖形或方形；有“藏锋法”，逆锋入笔，横画欲右先左，竖画欲下先上，使笔锋藏在笔画中，笔画开端基本呈圆形。行笔要学会“中锋用笔”，使锋尖常在点画中间运行。为使笔画有力度，还要学会涩势用笔，行中留，留中行，避免浮华。收笔有“露锋”（把笔逐渐提出纸面，画呈尖形，如悬针竖、撇、捺、钩），有“藏锋”。（将笔尖收回画中，如垂露竖，笔画尾端呈圆形）

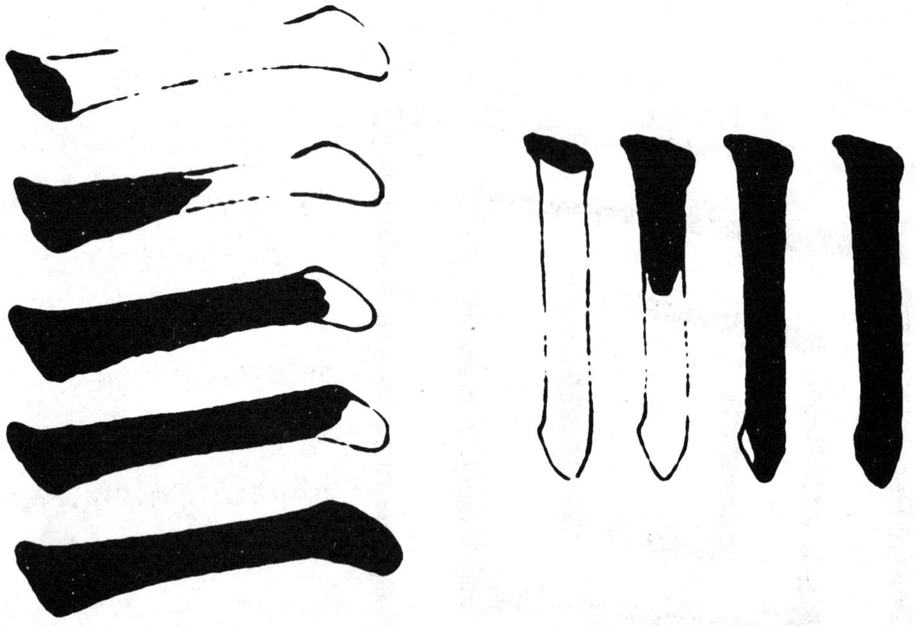

第三讲　数字楷书入门

中国数字中的“一”、“二”、“三”三个字很好地概括了楷书中主要的三种“横”笔，而“十”字也同样概括了楷书中的主要“竖”笔，所以在进入学习楷书的第一步，从这四个字入手，然后再由此展开。

一、一、二、三

1. 平横笔法要点：“一”字

“永字八法”中称横画为“勒”，露锋或逆锋起落笔，缓行急收，取其内在的劲涩之力，谨忌行笔气薄力怯，无有生气。这是一笔露锋横，欲横先竖，起笔略方硬，侧锋起势，在运笔时逐渐转为中锋，直到收笔回锋。

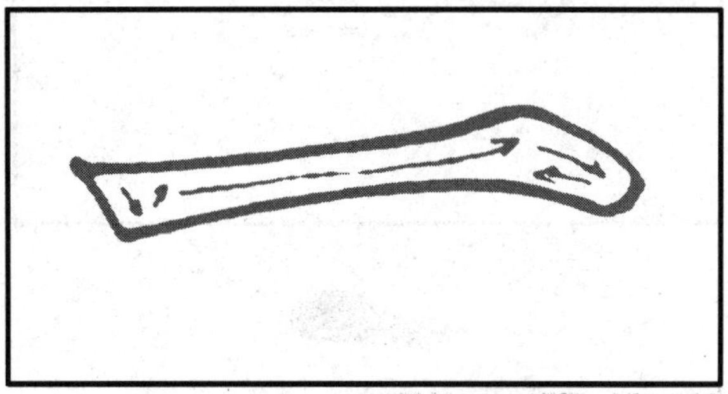

2. 腰粗短横笔法要点："二"字

写腰粗短横时，露锋或逆锋起笔，行笔重实，然后回锋收笔。腰粗短笔主要用于笔画较少的字，能使字重心稳定，更能使字中笔画有轻重之别，富于变化。

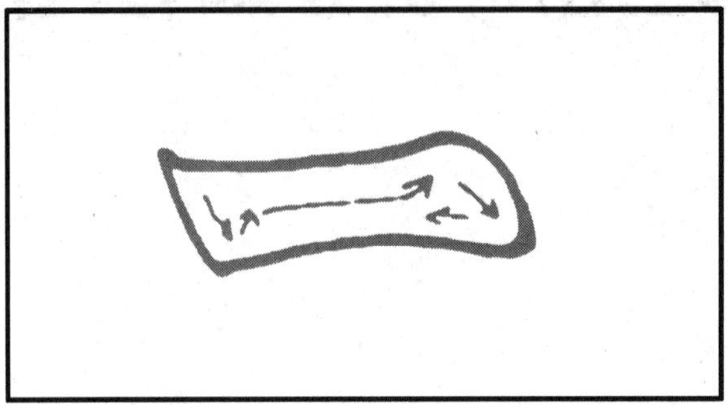

3. 尖笔短横笔法要点："三"字

写尖笔短横时，露锋起笔，行笔转为中锋，回锋收笔。这类笔画有一种灵动感，一般用于字中横画过多之时，起到一个变化的作用。

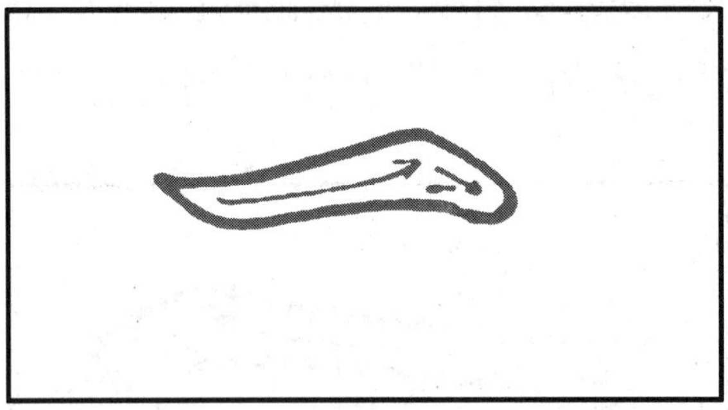

二、十

要写好“十”字，首先要学习写好“悬针”和“垂露”两种竖的方法。

悬针竖和垂露竖笔法要点：

写竖笔时，逆锋或露锋起笔，然后中锋行笔，收笔时或露锋或回锋，使竖尾成针尖状或露水珠状。在楷书中，竖笔的用法暗含含蓄待发之力，直中见曲，劲挺而有姿态，像张开待发的弓弩，似有千钧之力，因此，“永字八法”中称其为“弩”画。

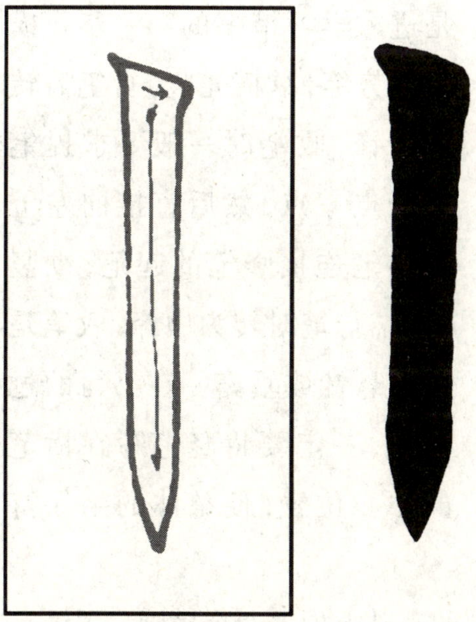

悬针竖

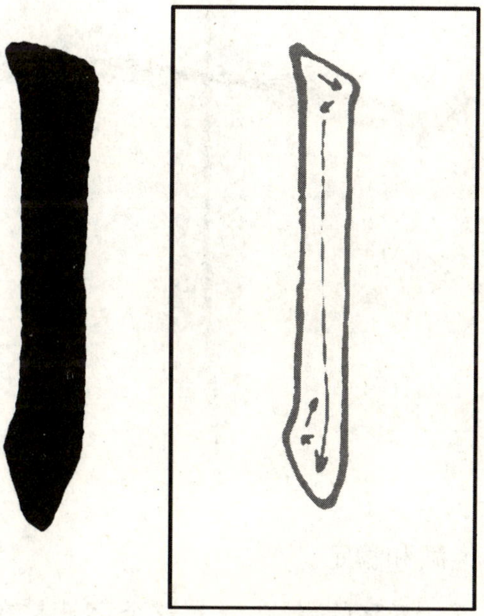

垂露竖

在写“十”时，两种竖都可以写，左边的是“悬针竖”，取露锋起笔，欲竖先横，起势笔后逐渐转为中锋运笔，直到收锋时逐渐提笔成尖。右边的竖法为“垂露竖”，这种竖法是在“悬针竖”的基础上，收锋时的尖笔连笔向左上方回笔成一小角，而后再回锋进竖笔之中，完成“垂露竖”。

横竖笔画联合练习

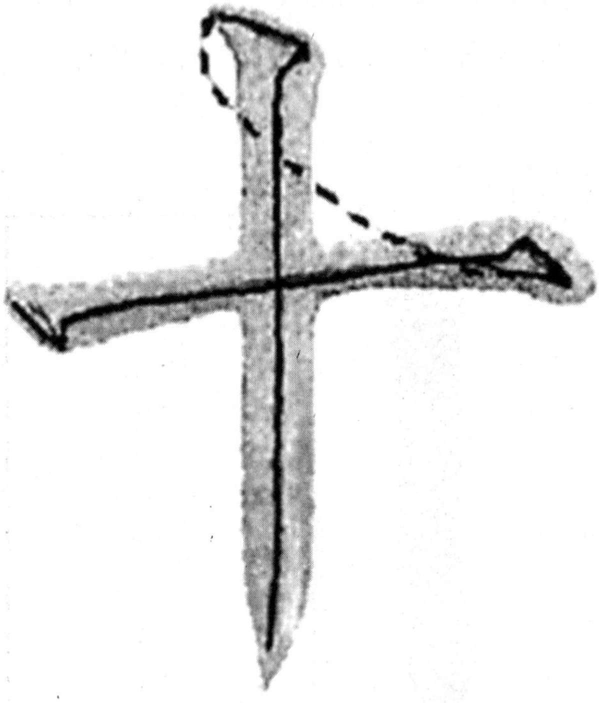

练习一：十、王、土、丰。

练好横和竖的笔画后，进入不同笔画组成的字了。首先要学习“十”字的写法，这个字是进入学习楷书的第一步。横笔起势笔，欲横先竖，行笔需转为中锋，收笔时一般要求提笔下压点三点，然后直接向左上角引笔连接竖笔的起笔，欲竖先横，行笔时转为中锋，收笔是可以悬针或垂露。在书写的过程中，一定要将竖笔写在横笔的中心位置，使整体的字保持饱满和稳定。

王字的写法，其实这个字就是在前面十字的基础上加上两个横画。关键是要循着笔与笔之间的引带用笔，这种引带在楷书中是看不见的，就像天上的飞机，只见飞机不见轨迹。楷书走笔也是这个道理，如果没有这个引带，写出的字其气是散的，毫无神韵可言。“王”字的竖笔基本上是含在里面的，“土”字的竖起笔处露在外面，这对竖的起笔要求就很高了，为使“土”字能在规正中有变化，对笔画的位置都要有要求。“丰”字的竖笔，是上下都露在外面，对笔画的要求就更高，“王”、“土”、“丰”三个字是“十”字的展开，是进入楷书至关重要的第一步，这一步一定要走稳。

【小结】 这四个字是个有序的发展，“十”字将练习的横和竖第一次组成一个字，教学时要将两笔组合中从横连到竖的引带重点讲明。接着用同一种笔与笔之间的引带方法，将“王”、“土”、“丰” 字一一写出。

◎ **练习二：上、止、正、非。**

这是一组加笔变字的趣味教学方法，即在原字上加一笔就能变出一个新字。通过这种简便的加笔法，自然叠加，顺势变出多个不同的新字。初学者可以在这个过程中，在已有的审美框架上，不断地推出新字“间架结构”的合理性。由此诱导，引出一个同类字形自学的良性循环。

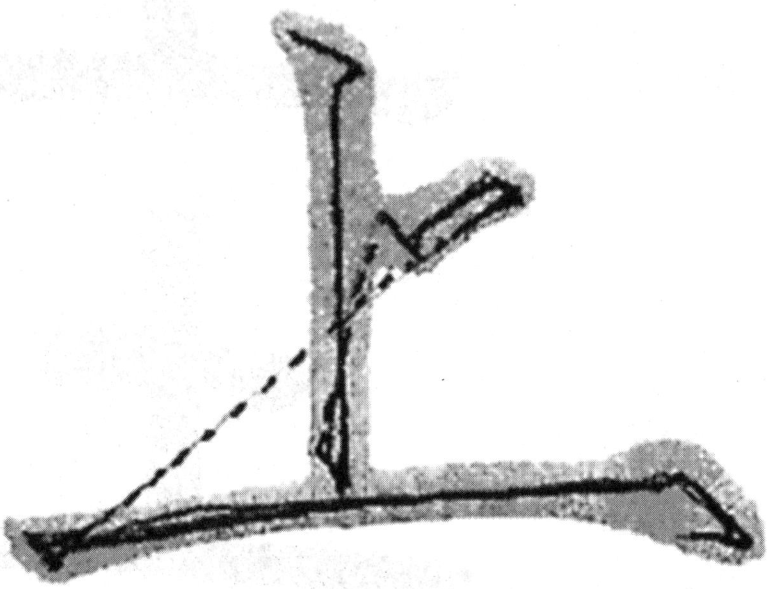

正

非

【小结】 通过“上、止、正、非”四个字的笔画发展训练法，很好地掌握了多种横和竖的书写方法，同时也初步懂得了每一个字的间架结构。这是一种笔画和结构同步学习的好方法，经过反复练习，笔画越来越好，结构越来越准，字的初步形态就可以很好地站了起来，为以后其他字的书写打下了一个很好的基础。

三、七、匹、此

弯脚竖笔法要点：

写弯脚竖时，露锋或藏锋起笔，下行时转笔中锋，再回锋收笔，要一气呵成，运势一致。

在楷书中，像“七”、“此”等字中的弯脚竖则是竖弯钩的省略型，去钩不写而回锋向里，即所谓的“引而未发也”，能使整个字都显其含蓄沉稳，结体缜密。

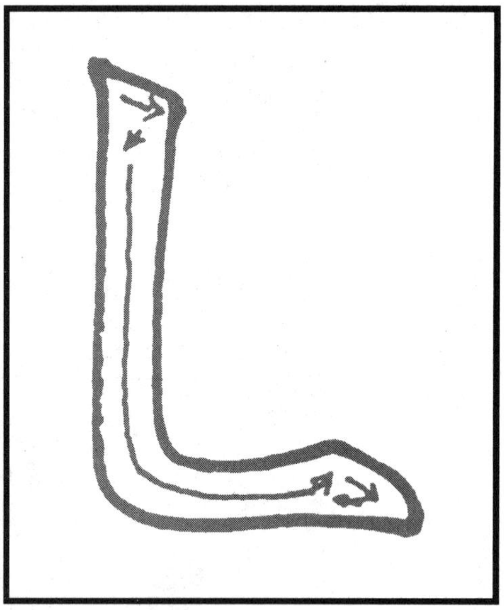

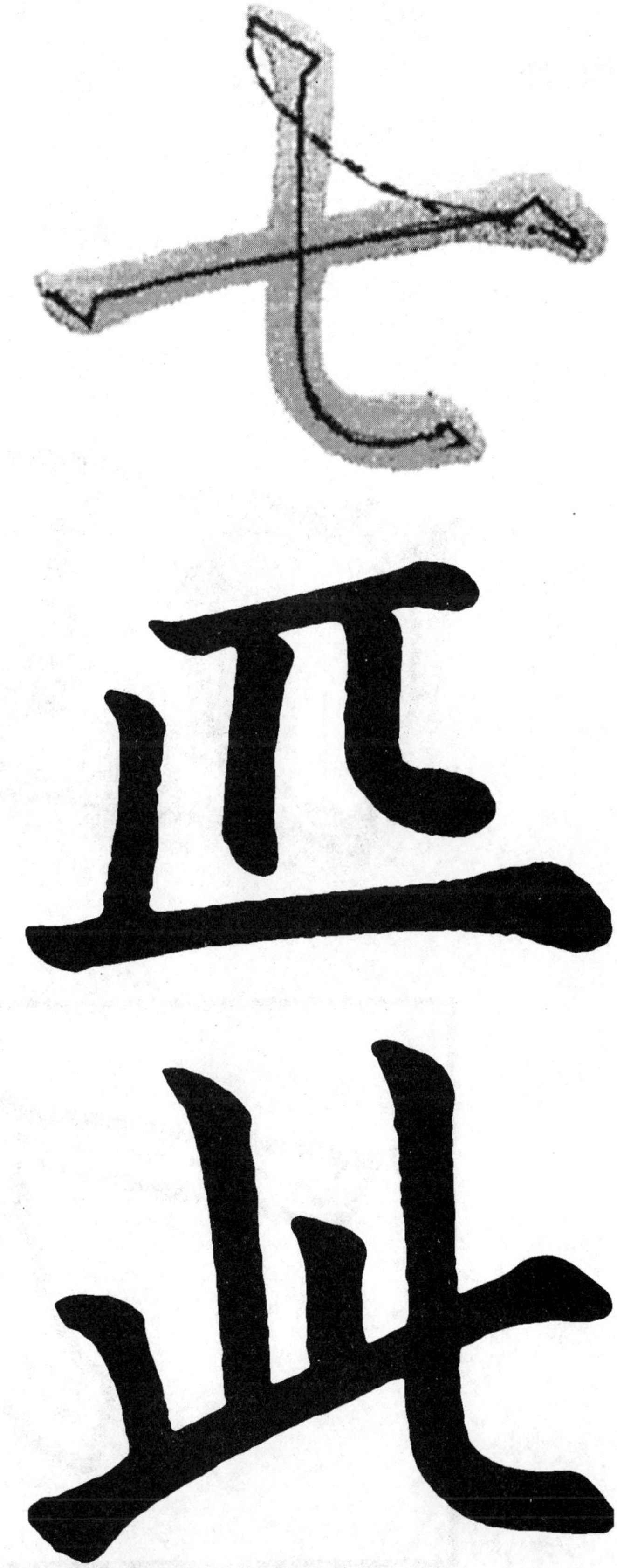

【小结】“七”“匹”两个字的关键是在一个弯脚竖上，在书写以前一定要很好将这个笔画练好。“七”字相对要简单些，只要竖弯的竖，开笔一段垂直就行了，下面弯的角度只需稍加注意即可。关键是在“匹”字上，这中间的每一笔都要注意在整个字的什么位置，下面的一横是这个字的关键，要略比上面的一横粗些，产生一种力量来挺住上面的所有笔画。

四、四

横折笔法要点：

写横折笔时，横画的起行笔要细劲，转折多用于字中结体较扁的扁口或刀折中，起笔横画细劲，折笔处似筋肉骨节般的有力，取势向里，外圆内方。

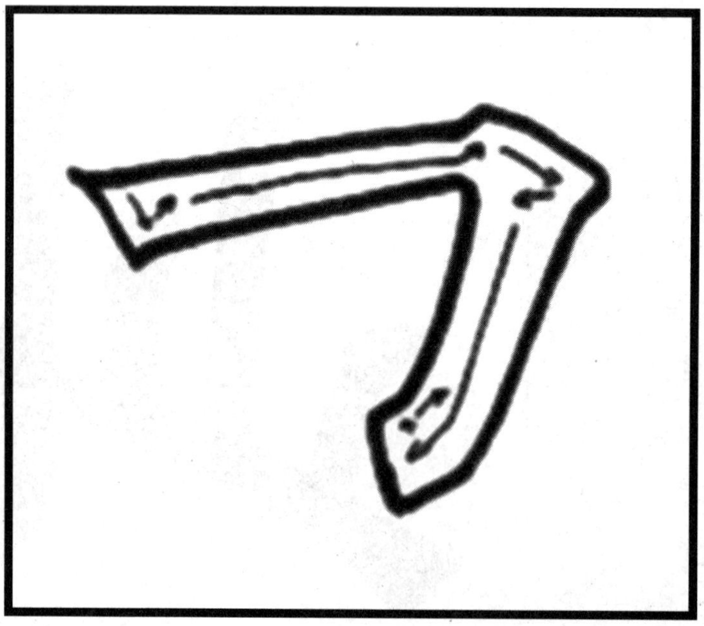

横折的展开：

◎ **练习一：口、吕、品。**

横折的展开部分，除了口字的书写方法外，主要是学习多口字中的间架结构练习，通过这种反复的练习，字形美了，笔画用笔就更稳固了。

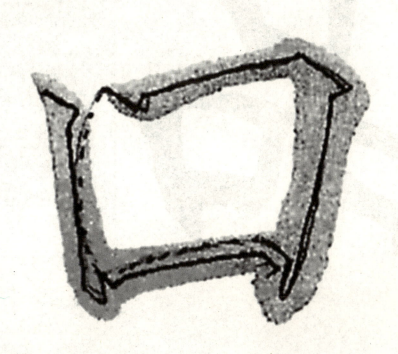

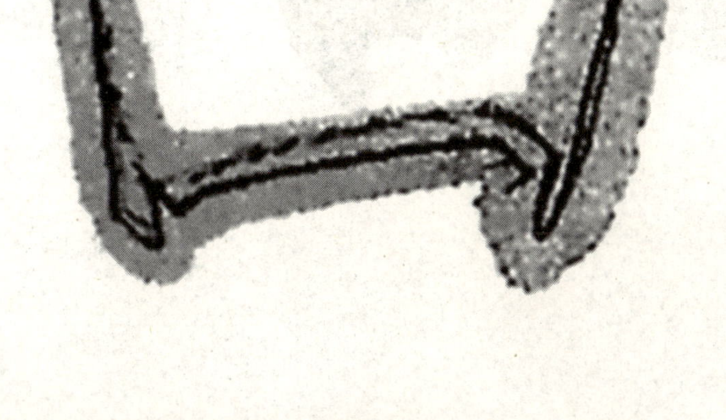

【小结】“口”、“吕”、“品”这三个字是一个叠加的过程，单个“口”，解决的是一个方形字的结构，只需每一笔对称就行。“吕”字是上下结构，写的时候有一定难度，要求上小下大，不过也只需对称就行。“品”字难度就大了。三个口像金字塔一样的叠好，还要平稳中有动感，就需要花时间进行研究。

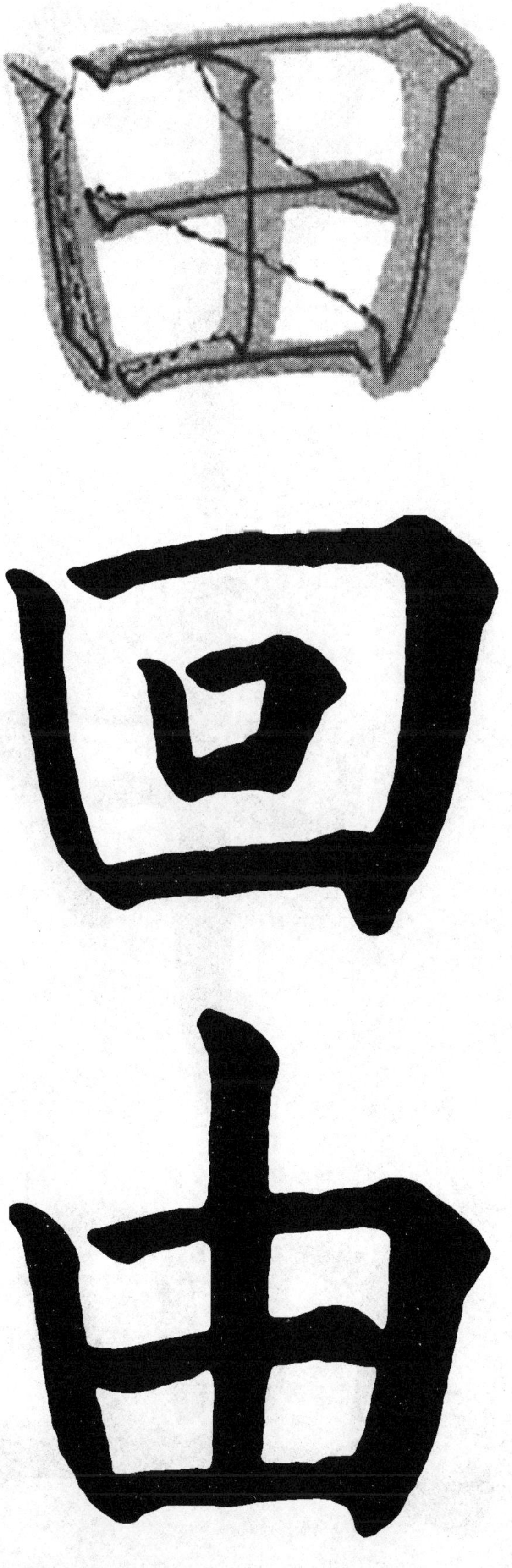

◎ **练习二：**

田、回、由、甲、申、皿。

这是由“田”字形引发的局部小变化的练习，由于是局部变化，基本不影响方形口的形状，在田的基础上，上出头变“由”，下出头变“甲”，上下出头变“申”，简单易学，对初学者来说，较容易延伸变字练习。

甲

申

皿

【小结】“田”、“回”、“由”、“甲”、“申”、“皿”，这六个字是在口字的变化中展开的，“田”和“回”是口内变化，“由”和“甲”是口的上下变化，“申”和“皿”是长竖和长横的变化，这是个循序渐进的教学方法，教学时要关注的是整个字的间架结构和字体稳定。

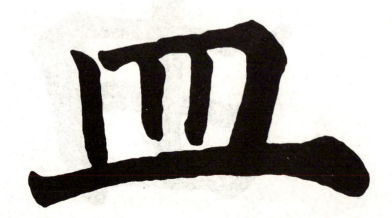

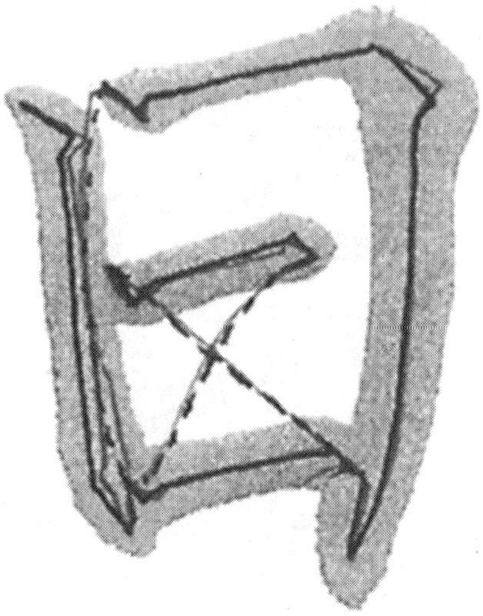

◎ **练习三：**

日、旦、亘、車、西、里。

这一组字主要是在“日”的上下加笔而变出的规律字，基本口型由于加了横画而使其竖长变为横扁，字形可以顺势发展。

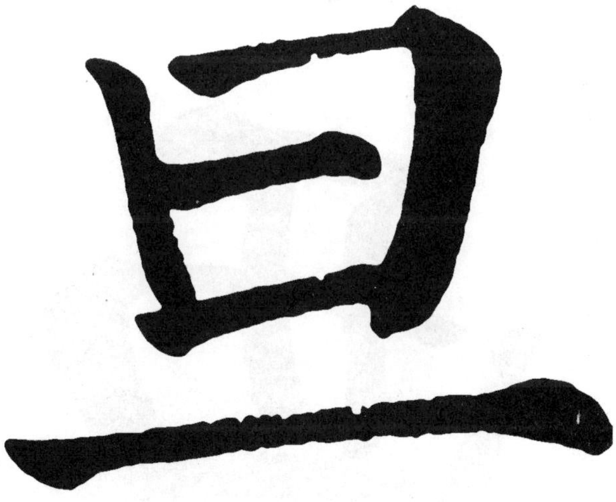

【小结】这六个字是一个系列，在前面学过的笔画的基础上，只需注意每个字的间架结构，特别是多加的一笔是添在什么位置上，就能很轻松地学好这几个字。在这四个字中，要注意的是“車”字中的悬针竖在整个字中的作用，由于这竖画比其他笔画要粗些，使得字显示出一种特有的稳定感。

练习四：囯、固、[illegible]、圍、圖。

这是一组大口的字，一般有大口的字，只需掌握大口两旁的竖笔中左细右粗的规律，字形容易平稳。里面的字要求上紧下松，间架结构置于得当即可。

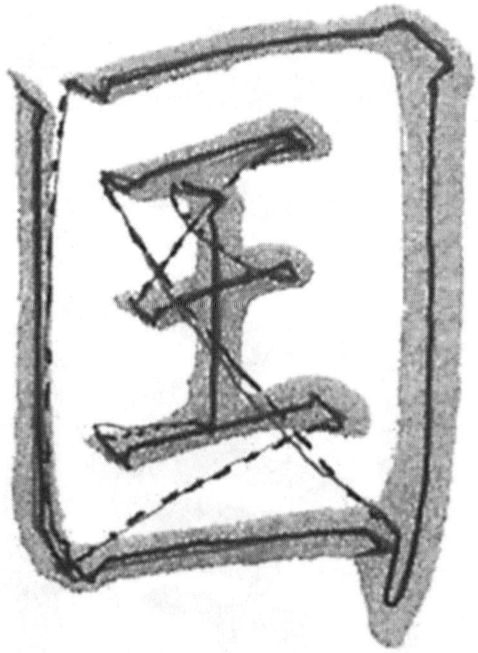

【小结】 这五个是大口内的字，笔画是由少到多，由简到难，循序渐进的。先要很稳当地写好大口的三笔框架，再写里面的字。在字的间架结构中要注意“上紧下松”、“左紧右松”的规律，特别是大口框架的笔画，右边的竖画比左边的竖画要粗，这样字才能有稳定的感觉。

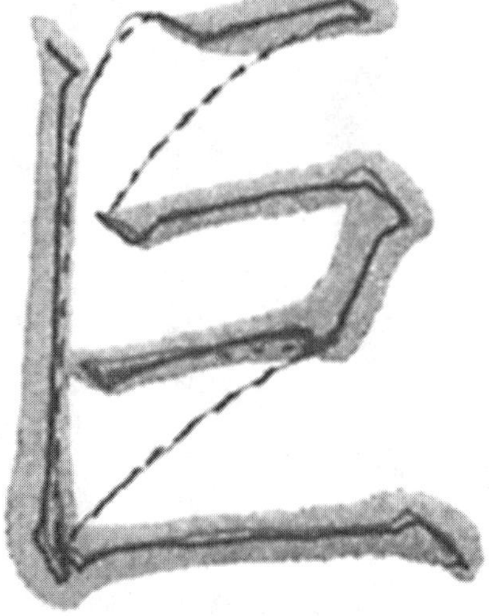

练习五：

巨、臣、匡、匪、區、世。

写这一类字，最难的是要把字安排稳当，左面的竖画要随着里面的笔画多少而略变其斜度，书写前先要进行预估。

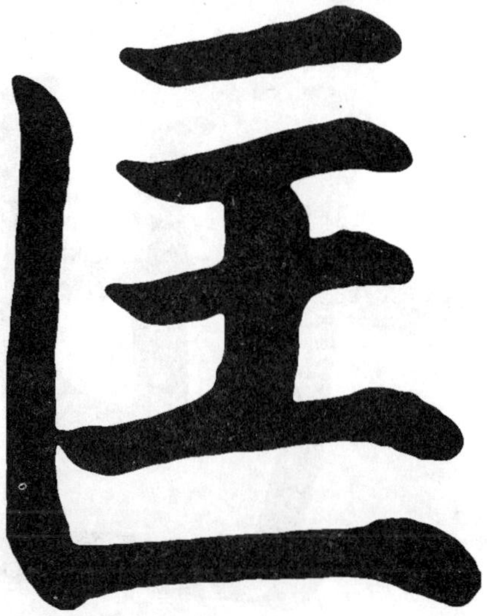

匪

區

世

【小结】这是一种半包围的字，要写好这类字，是有一定的难度的。一般的字是左轻右重，就像人的右手要比左手有力是一个道理。这类字正好相反，所有字在书写时要特别注意字的中心位置，为求整个字的稳定性，可以有意加重字中长横的回锋点的力度。

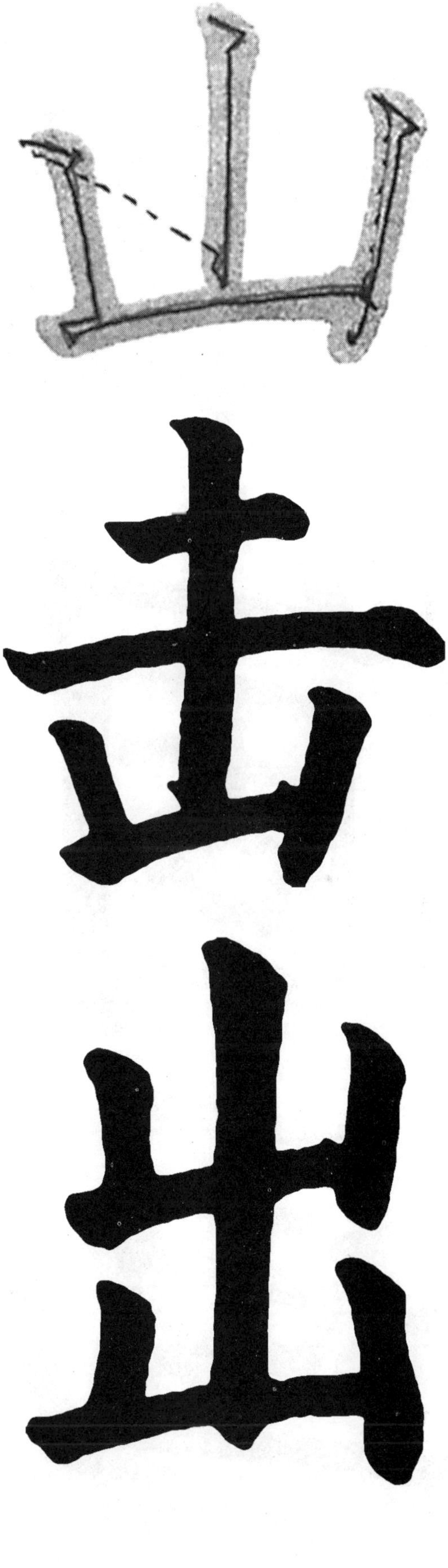

练习六：

山、击、出、咄、崮、画。

带“山”的字最容易写出呆板之气，山的左右两边竖笔要看其他笔画多少和长短而定其斜度，在书写前要先研究一下，做到心中有数再落笔。

【小结】 这是以“山”为主体的上下叠加字。单独的“山”字，只要两边对称，就能写好。“击”字只要上面的两横摆稳了，整个字就能写好。“出”字就有些难度了，这个字上面“山”的左右竖画要垂直，而下面“山”的左右竖画就要有些像八字形的张开了，犹如金字塔的座基，稳住整个字。“咄”字，由于是左右结构，所以“口”与“出”要互相间相让。“崮”字，左右对称即可。

◎ **练习七：彐、聿、晝、畵、書、彗。**

书写这类字关键是要注意字形的稳定性，右面横折的折笔要恰到好处，其斜度要看横笔的多少而定，另外要切记的是间架结构中“上紧下松”的规律。

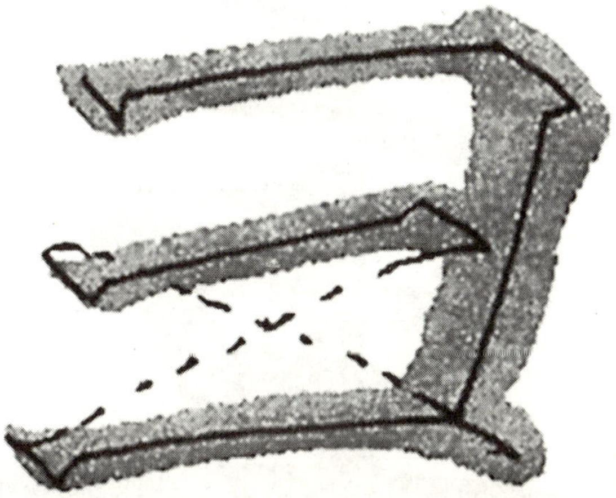

晝

畫

【小结】 这是一组横折笔画的系列字，笔画并不难，主要是熟练横笔、竖笔和横折连笔，进行整体的间架结构练习。其中，特别要注意的是字体结构中“上紧下松”的关系，通过这类字的集中教学，可以将这一系列的字逐渐展开，将类似的字尽可能地汇集起来多写多练，写好这一类型的字将为后面学习打下扎实的基础。

五、八

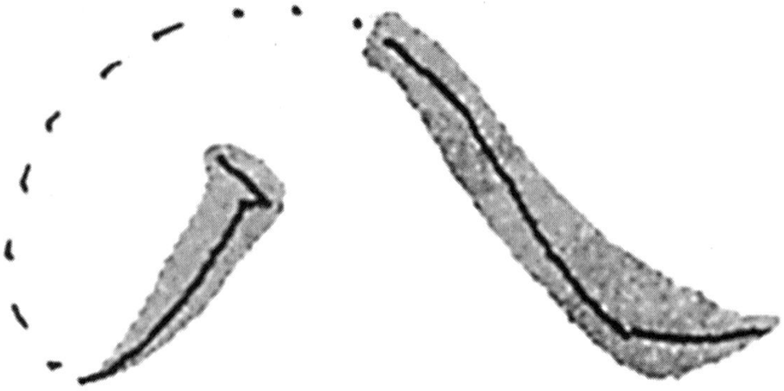

八字中蕴含着撇和捺的写法，在教学中要将这两个笔画分而教之。第一步是教撇笔，撇画中基本上有五种撇法：直撇法、竖撇法、回锋撇法、短撇法、柳叶撇法。每一撇法都有独特的用笔方法，在教学的过程中，先要将撇画的外部造型分析讲解，明了外形结构和笔画方法，用双勾线画撇笔，然后再用笔直接书写，写撇画中，无论哪种撇画，整体笔势是直挺的，不是过分的弧线，毛笔要始终保持竖直运笔。

1. 撇法

撇法有多种，古言道，“万变不离其宗”，其笔法基本一致，关键是要注意笔锋一定要在每一笔的中间。

1）直撇笔法

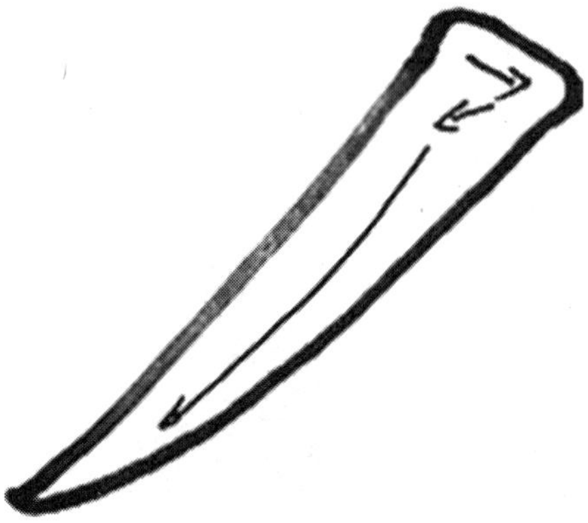

撇是汉字的基本笔画之一，“永字八法”中称“掠”画，行笔如“燕子掠水”之势，取其势长为力钩。写直撇笔法时，首先要露锋朝右下方顿笔，然后转为中锋，再由重而轻地向左下方行笔出锋。撇是由粗方转至细尖之笔，笔锋一定要送到底，谨忌使撇突然尖细，形成鼠尾的病笔。

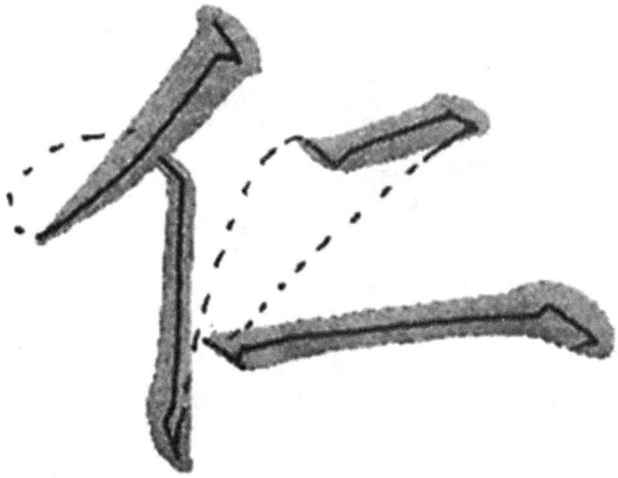

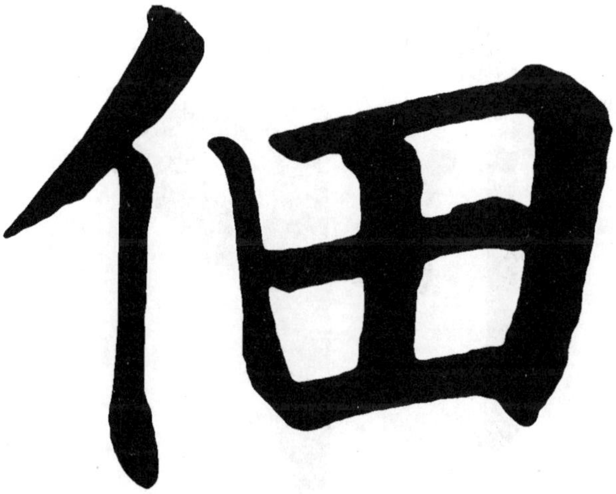

练习：

仁、佃、右、左、仲、伸。

单人旁的撇一般用直撇笔法，这种撇的粗细要看右边字笔画的多少而定，如右边字的笔画多的，则单人旁的撇就要粗些。右边字的笔画少的，这个单人旁的撇就要细些。下笔前先要做到心中有数。

左

仲

伸

【小结】 这是一个标准的撇法，其撇的角度大概在45度左右。其起笔一般有两种：一种是逆笔起笔；一种是露锋起笔，两者都可用，凭个人喜好。这种撇用作单人旁比较多，书写时要看右边的字的大小。如右边的字比较大，其撇就比较大，如右边的字比较小，其撇就相应地也要小些，用在左边的笔画不宜太粗大。“左”、“右”这两个字是单字结构，左字由于右下角是个工字，体积瘦弱，其撇就要长一些，而“右”字的右下角是个口字，有一定的张力，所以其撇就相对要短些，这样写出来的字就显匀称漂亮。

2）短撇笔法

写短撇时，用笔迅速峭利，如禽鸟啄食的姿态，取其势锐而疾出之力，即“永字八法”中的“啄”笔。

◎ **练习：**

生、任、白、自、佰。

短撇笔法其特点就是短，可以灵活多变之用，这种撇一般是用在字的上方，方向有多种，随字而变。

任

白

自

佰

【**小结**】短撇的方法和直撇的方法是一样的，只是其短而有力，以平撇为主，也可多种方向。在书写的过程中，要注意用笔，因短笔很容易偏锋，在起势向右下点笔后，马上就要转锋运笔，使其笔锋一直保持中锋，将笔锋正直地送到撇尖。

3）竖撇笔法

写竖撇时，露锋向右下顿笔，然后转笔中锋慢慢撇出，中腰略细。竖撇有两种：一种是直接撇出去；另一种是长撇出后还要回锋，有时还带小勾。

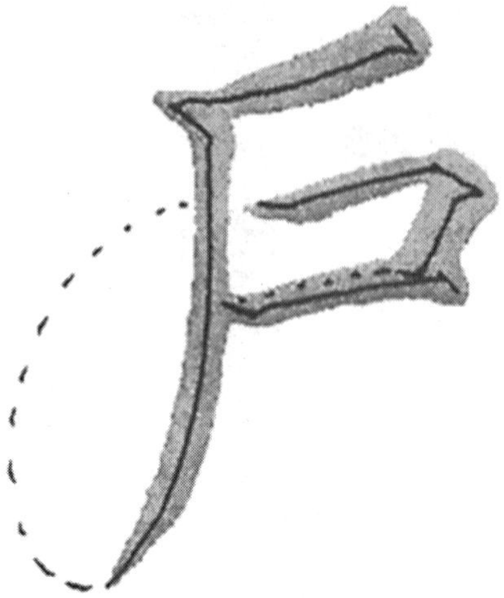

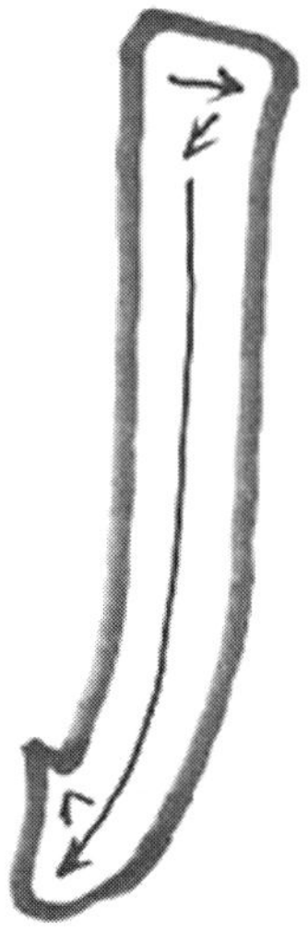

练习：

户、升、后、古、尼。

竖撇的运用一可以稳定字之重心，二用于结体较长的字，如“尼”字中的竖撇是为了使字重心不致偏侧，和右下的“匕”字呈均衡的对应。

【小结】 有竖撇的字，一般要求这一笔的上面三分之二是直笔，留下三分之一是撇初期的弯笔。在侧锋起笔后，出长笔撇的开始要求略微细一些，有点像人的脖子，使整个撇有一种韵律感。有长撇的字，一般相对来讲比较难写，教学中要进行仔细讲解。

2. **捺法**

1）直捺笔法

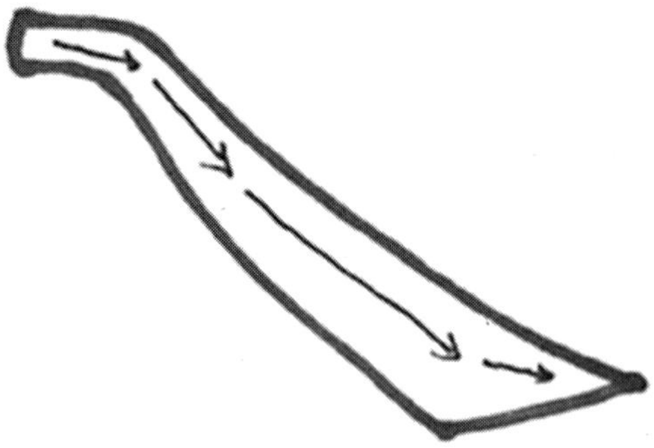

写直捺时，行笔由左向右渐行渐按，铺毫运行，先缓后疾，笔势一波三折，收笔锋尖一跃而出，好像一把大刀向下切物一般干净利落。

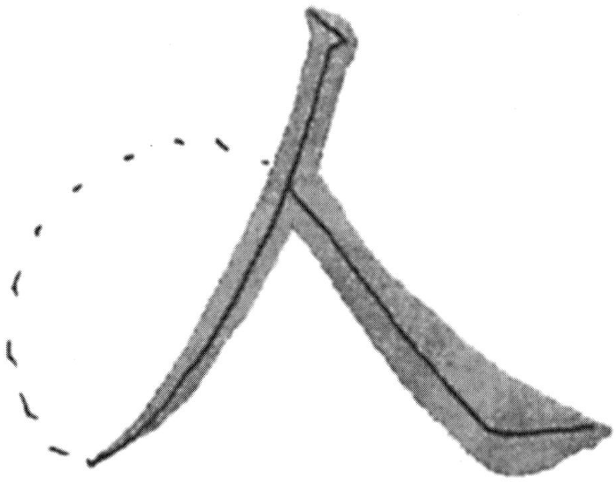

练习一：人、入、大、天、丈、夫、支、友、反、吏。

学了捺笔以后，一般要和撇结合起来练习字形，这部分练习的是“人”字在字下面的字，通过“人”字展开，在“人”字上加一笔变成“大”，以此类推，可以类推出很多字，关键是要把握住撇捺在字中的稳定位置。

大

天

丈

夫
友
支

反

吏

【小结】“捺”这一笔法，在书法中是比较难写的一笔，是所有笔法中变化最大的一笔，由细到粗，必须一笔完成。学写这十个字是练习“捺”笔很好的一个程序，是一种阶梯式的学习方法。从笔画少的，逐渐到笔画多的，基本上是一个系列。先写好第一个字，后面的字就可能写好，关键是在写这一笔时，除了要将“捺”写好外，还要时刻关注整个字的状态，这一笔起着平衡作用。

练习二：

仝、全、合、盒、昼。

这部分字中的“人”字基本上是在字的上方。由于这种“人”字在整个字中的位置比较大，书写时要注意避免头大脚轻的不和谐状态。

【小结】这是个在字右上面的捺笔，这种捺关键是要迎合左边的撇的斜度。左边的撇是斜的，配合的右边的捺就要斜；左边的撇是竖的，右边也就同样要竖一些。一般在右上面的捺笔，不能过于粗大。不然的话，配在下面的字是很难摆好位置，有损于字的美感。

练习三：木、本、朱、束、丞、承、各、备、复、夏。

这组的撇捺分布在竖的两旁，在字的中间部位，对整个字的稳定起着关键作用，到捺笔时一定要注意撇笔的位置，做到相互照应。一般的情况下是撇细捺粗，捺笔略低于撇笔。

隶

丞

承

各

备

复

【小结】 这个例字中,“木”、“本”、“朱”、“束”字的撇捺笔是在字的两边,这个捺笔一定要看左边的撇的位置才能露笔。左边的撇是斜的,右边的捺就要跟着斜,直到左右平衡为止。相比之下,“丞”、“承”更难写,在一般情况下,左边“提”和“撇”的组合是不能碰中间的笔画的,而右边“撇”、“捺”的组合一定要碰到中间笔画的,有可能还要伸进中间笔画的里面,这样写出来的字才生动。“各”、“备”、“复”、“夏”四个字,需要在整体的组合中进行变化,这笔捺起着很重要的平衡作用。

2）平捺笔法

平捺写法，起笔处为方笔，取其平势，捺角尖圆，一般有三个步骤。在起笔时笔锋可藏可露，运笔至整个捺的三分之一处要求有一小坡折即“小肚子”，接着三分之二处，用笔时顺势由细到粗平势捺出。在楷书中，平捺多用于走之底的捺画。

练习：建、徒、超、足。

平捺法在字中起着关键作用，稍不留神就会破坏整个字的形态，除了这笔自身的要求外，最重要的是其斜度，所以写到这里时一定要特别注意。

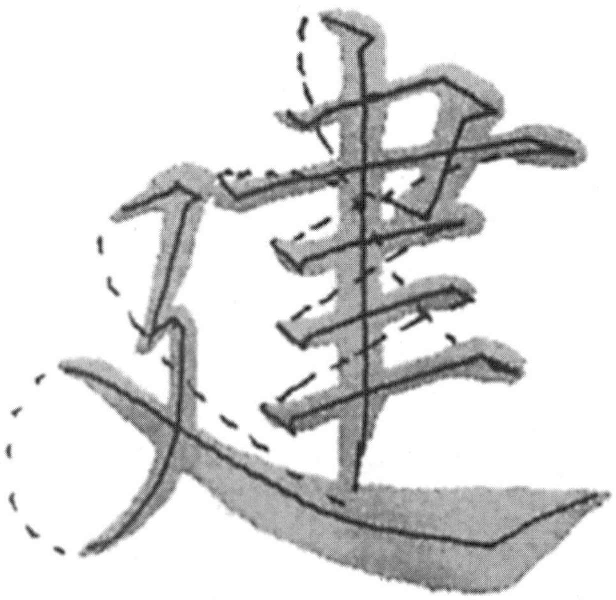

徒
超
足

【小结】“建”、“健”是以单独的平捺呈现的，所以要很完整地展现这个平捺的书写要求。“徒”、“足”、“超”以及以后的走字旁的捺笔，都是含在撇的笔画里的，在书写这样的捺时，就要考虑捺与撇的结合的问题。像这样的组合，一般是撇比较短，而捺则要长得多，两者比较起来捺所收笔的位置要比撇（底）低很多，使整个字能有一种静中有动的节奏感。

六、九

1. 竖弯钩笔法

写竖弯钩时，起始竖笔，欲竖先横，转笔中锋运竖笔，不过写竖弯钩的竖笔时，要有一定的倾斜度，这是为配合弯钩而斜的。竖弯行笔至钩处稍驻，然后回锋轻点转锋向上疾挑而上，一气呵成，使笔画劲挺而有姿态。在楷书中，竖弯钩法取其外圆内方，整个字形呈圆浑之态。

◎ **练习：已、巴、色、岂、旮、旯、旭、艺。**

这一笔竖弯钩是整个字的关键，除了要很好地写出笔画要求外，字的稳定与否就要看这笔所把控的位置。下笔以前要考虑到这些问题。

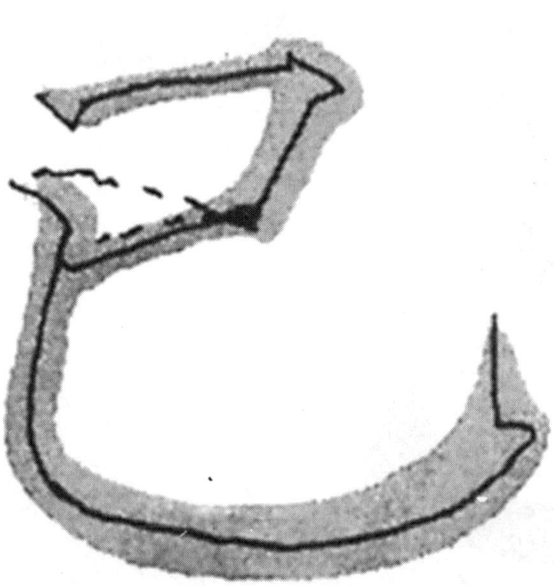

巴

色

岂

九
旮
旯
旭

【小结】“已”、“巴”、“色”、“岂”四字的竖弯钩是比较雷同的，上面都有方块口形的结构，所以这个竖弯钩基本上笔法相似，只需注意上紧下松，字就能写好。而“旮”、“旯”两字有些不同，“旮”的“九”在上面，它的竖弯钩要略瘦小，笔画稍细。“旯”的“九”在下面，它的竖弯钩就要粗壮些，使整个字有稳定感。“旭”和“艺”两字，是完全不同的两种结构，相对而言“旭”略微好写些，只需将下面的“九”摆稳当，就能写好。“艺”很难写，下面的“乙”字很难摆稳定，关键是“乙”字中的一横，它只能写短横，弯钩的弯度要稍微平直些，只有这样才能将整个字写好。

2. 横折钩笔法

写横折钩时，从横法起行笔至折处提锋稍驻，凝神点笔，转锋下行，到钩处先提笔如撇，然后反笔顿下，再向左上方挑锋而出。在楷书中，横折高钩多成内方外圆之势，以求字之圆浑。

◎ **练习：刀、力、与、万、马、伟、冉、周、同、月。**

横折钩是一种连续性的笔法，在书写时要求一气呵成，其笔法和笔画斜度要同步呈现，同时在完成自身笔画外，还要为连接下一笔做准备，笔与笔之间要注意内在的连贯性。

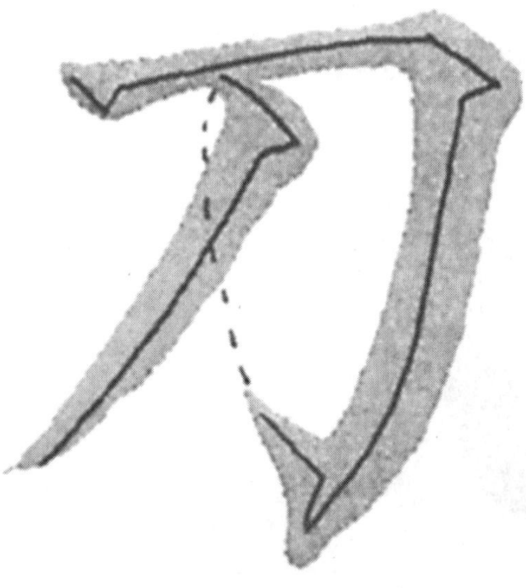

力

与

万

马伟冉

周

同

月

【小结】 横折钩有两种：一种叫横折高钩，一种叫横折矮钩。两种钩的方法都是一样的，但用途不一样。横折矮钩主要是写夹在字里面的笔画，为了平衡整个字，往往是将这一横折矮钩写得有一定的斜度。横折高钩主要是写半方框的字，如“周”、“同”、“冉”等字，为了能将这类字写稳定，其横折钩中的竖笔是以垂直为主。

3. 竖钩笔法

写竖钩时，起笔时欲竖先横，自竖笔下行至钩处提笔如撇，稍驻、回锋顿笔后向左上方慢慢钩出，出脚要圆、曲、肥。

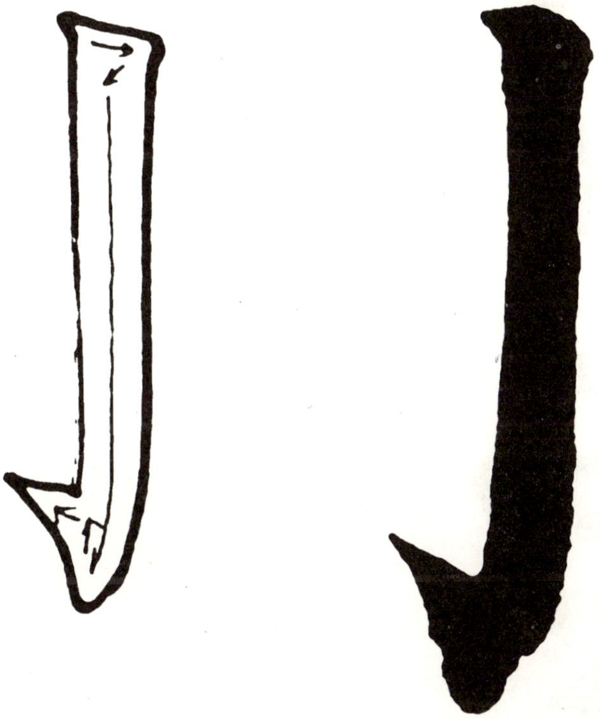

练习：于、可、柬、刊、扣、押。

竖钩的要求比较简单，也比较灵活，看整个字而定其粗细和直弯，关键是注意竖钩的位置，在一般的情况下，竖钩是整个字的“顶梁柱”，不可有半点马虎。

可
東
刊

押

扣

【小结】 竖钩一般在字的左、中、右三个位置上出现。一般情况下，在左面的以提手旁为最多，其竖笔要求略细；如果在字的中间或右面的竖钩，要略微粗些。其区别在于右面的竖钩，要求在竖到钩处要略朝左面弯圆后挑钩，而中间的竖钩始终要保持笔直。

4. 右向钩笔法

写右向钩时，如竖法起行笔，至钩处要提锋另起如挑法，钩出的锋不宜太快，以免钩末轻浮，钩的角度不要向上太斜，以免站立不稳。

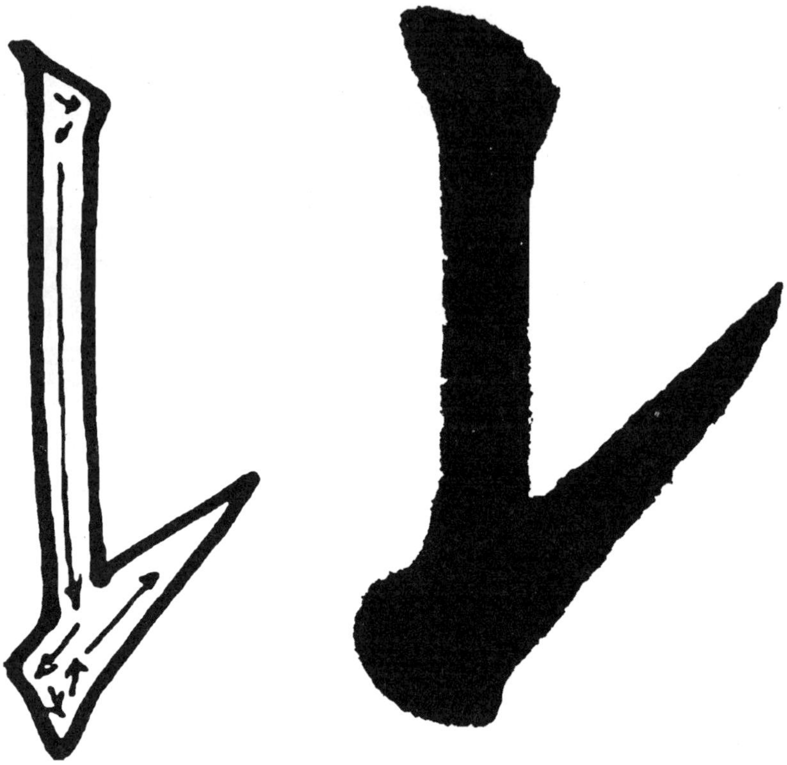

练习：艮、印、昂、此。

右向钩的字一定要考虑整个字的“左轻右重”的关系，切不可为了写出漂亮的右向钩而忽略了汉字中规律美的要求。

印

昂

此

【小结】右向钩笔一般的情况下是在字的左下角为多，这种钩起笔往往是连在前面竖的笔画结束后，转锋顿笔后向右挑出，由于是在字的左面，所以其笔要求略微轻快。这一挑笔，一定是连接后面的笔画，是一个承前启后的关键之笔。

5. 戈钩笔法

写戈钩时，逆锋或露锋起向右下顿笔，行笔力注毫端、稍微停住后转锋向上钩出。钩尖应当朝上，而不是朝左上方，否则就不稳重。在楷书中，戈钩的写法尽其势而向右伸张，挑钩出锋含蓄稳重。

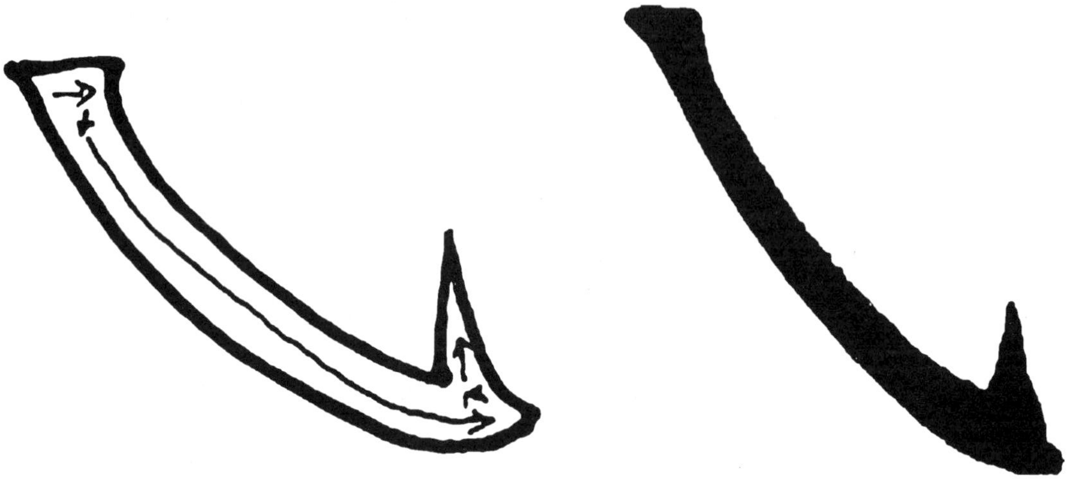

练习：卂、曳、民、气、祇、夷。

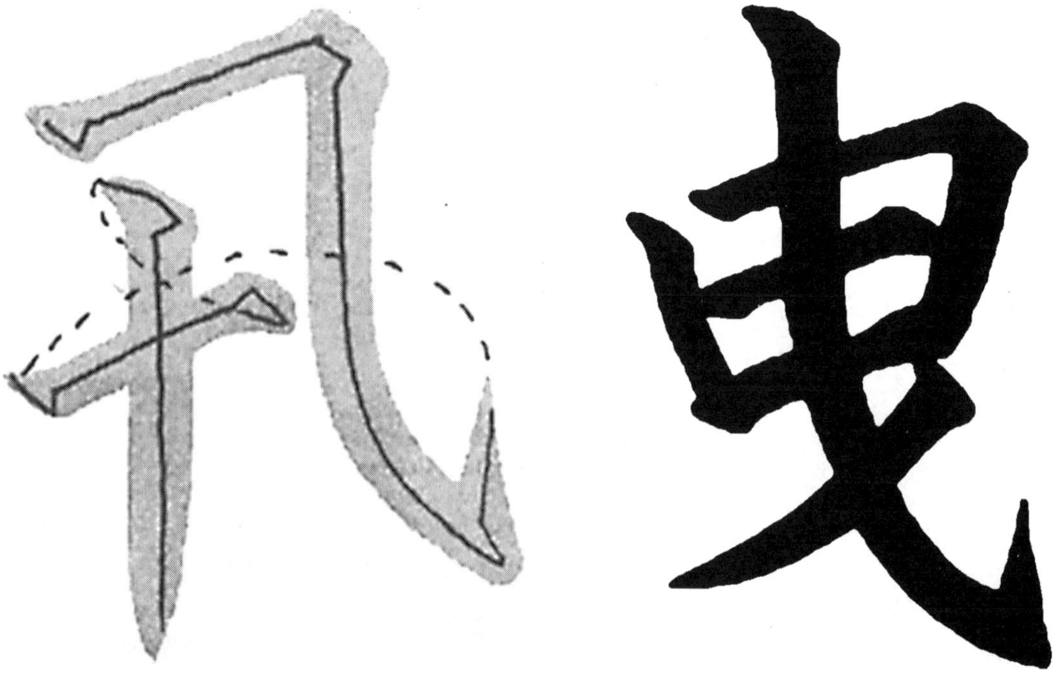

民

气

舐

【小结】 戈钩用笔有一定的难度，整个字的稳定与否，很重要的一环就是看这一戈钩。戈钩一般有两种方法：一种是单独的呈现，如“夷”、“民”、“甙”，书写时较为灵活；另一种是由横笔连带出来的戈钩，如“卂”、“气”，这种戈钩稍显呆板，书写时要特别注意。

6. 横钩笔法

横钩起笔是完整的横笔，即欲横先竖，转笔成中锋走笔，到钩处向右上角提笔，瞬即往右下方顿笔，接着再转笔调锋，向左下方，由重而轻地钩出即可。

⑥ **练习：子、存、孟、孝。**

横钩笔法用笔不难，在这里将其发展为“子”字的上面部分，即起笔以点笔起势，笔画形态接近提笔。故初学者在下笔前要注意这笔的训练。

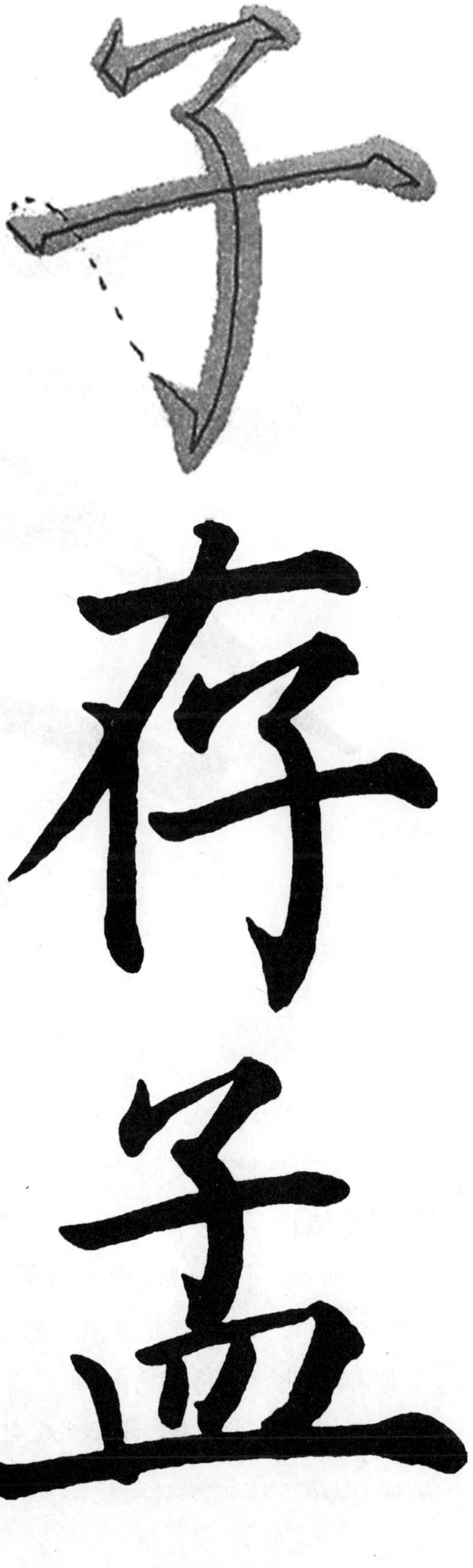

【小结】 横钩有两种用法：一种是宝盖头的钩，是单独的钩法，其钩法可大可小，可长可短；另一种是横钩连带着弧钩，如"了"、"孟"、"存"、"孝"，这种钩往往将横笔起笔有意夸张放大，接近钩时，横画很细，有时甚至是断开，用意连将钩挑出，再连接下面的弧钩组成完整的字。一般这样的字很难写好，书写时一定要先研究再动笔。

七、六

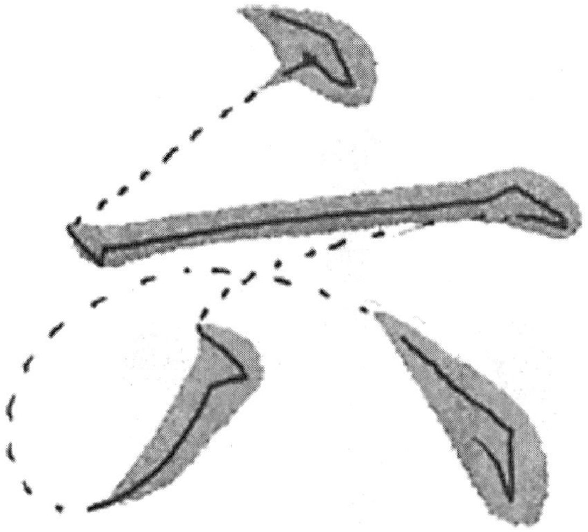

“六”字是点的集中体现，在“六”字中包含着三个点：侧点、撇点和长点。从这三点中包含着其他多种点法。认真学好在这三点中所蕴藏着笔势、笔法、笔画形态和笔与笔之间的相互关系。

练习一：点的发散训练。

由于点的形状多变，在进入学习点笔前，先要进行一项双钩训练，即完全按照下面五个点的样式，用毛笔勾勒一遍。等熟悉了点笔的大概构造，再用毛笔直接练习。

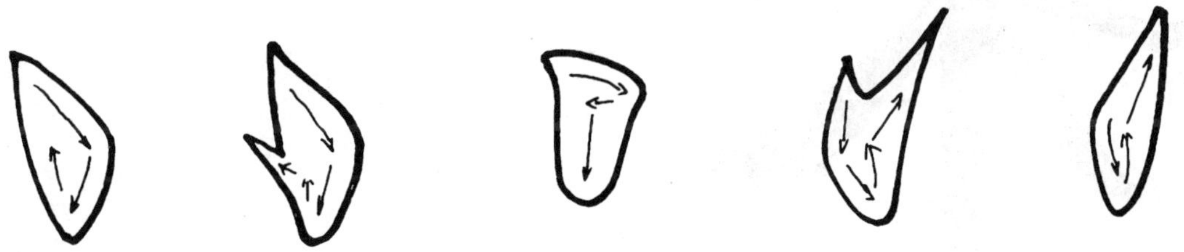

【小结】 在单独的点笔练习后，关键的是学习点笔的联合训练，如两点水、三点水和下四点等。在练习中除了看得见的单笔形状外，更重要的是体会看不见的“引带”，使多点组合如出一体。

练习二：米、小、来、馬、無、凉、海、沙、女、要。

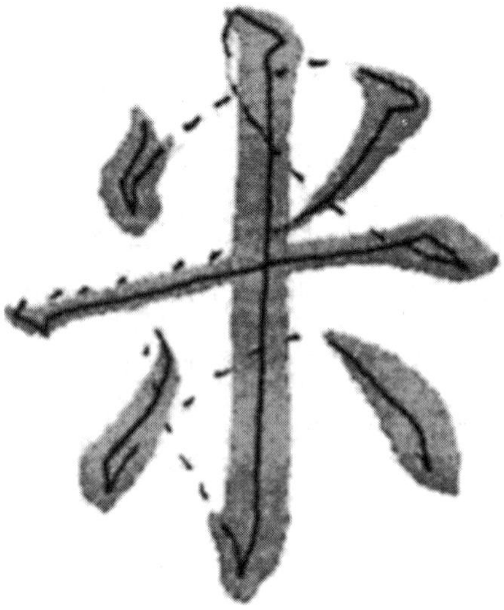

無

涼

海

沙

女

要

【小结】 这里的点笔有多种样式，有四角点笔，有单边点笔，有左右点笔，有夹在横竖中的点笔，有短点有长点，有平点有斜点。众多的点笔，关键是要活用点笔的规律，切不可被规律所束缚。

练习三：

永、穴、雲、逑、心、虑。

“永”是楷书中比较难写的一个字，原因是在这个字蕴含“五笔八法”的精华，所以在进入这一部分的练习前先要认真写好这个“永”字。

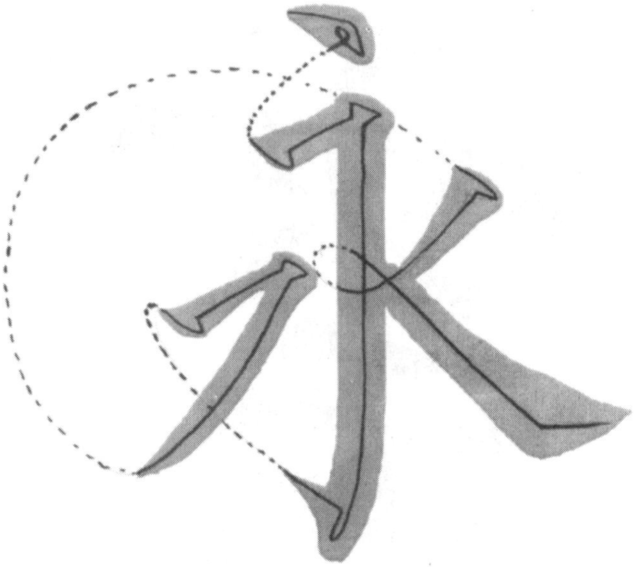

雲

述

心

【小结】 这里的点包含了很多的样式，通过这些字的练习，既写好了多种点的方法，又练习了很多不同间架结构的字形。汉字中涉及点的字最多，所以我们这一套以数字为导线的书法教程，教到点时已完成了第一步的教学任务。

八、展开练习

所谓展开练习，是根据一个字的样子，以一种“以此类推”的方法，变化出很多类似的字形。如“曙”字，拿掉一个日子旁就变成了“署”字，再将这个字的罒字头变为“曰”字，又变成了“暑”字，如果再拿掉上面的“曰”字，又变成了“者”字，在这个字的下面加上四个点，又可变成了“煮”字，还可以变成很多字来。这就像练好一个字，等于写好了很多字，这是一种极好的教学形式，既有利于教学，又有利于初学者自己研究，是一举两得的好方法。

练习：现在将一些可以拆分的字呈现出来，供初学者学习。

暑、著、薯、署、者、煮、睹。

老、佬、荖、咾、铑、栳、姥。

尹、君、群、咿、咿、裙、帬。

晤

吾、俉、悟、语、齬、唔、珸。

侃

兄、兇、悦、说、閲、亢、抗。

花

匕、化、华、桦、骅、铧、铧。

通

甬、勇、涌、俑、过、逼、逮。

定

锭、腚、椗、是、提、足、走。

妹

奴、昧、娘、妮、好、姬、妒。

鷄、烏、鵄、鶴、鴨、鳴、鴉。

九、创作练习

书法创作一般有单字、少字、多字等。

1. 单字书法作品

这种练习方法，主要是研究字的间架结构。一般的情况下，在一个字的笔画组合上要求上紧下松，左紧右松。当然中国字是多种多样的造型，要巧妙地运用这种审美上的规律。这个“龙”字的繁体，左边上面的“立”字要稍微压扁些，配合下面的“月”字，感觉上就比较舒服。右面部分由于上面笔画较少，其笔画间距需要有意识地拉开。而下面笔画较多，其笔画间距就要有意识地靠近，这个多笔画的体块，同样产生了下紧上松的效果。

“福”字是一个“左紧右松”的很好范例。左面的“衣”字旁有意变窄，让出三分之二的地方写右面的半个字。这半个字有个特点，其横画的每一个间距基本等分，由于下面的“田”字比较大，所以感觉上还是上紧下松，整个字看起来就比较舒服。

“禅”字的道理和“福”字正好反过来。除“示”字旁一样外，右面的半个字是上重下轻，所以在书写时要注意笔画中间间距的松紧对应。如上面两个“口”要有意识靠的紧一些，成为一个整体，和下面半个字有个呼应。使整个字有一种节奏感。

2. **少字书法作品**

少字书法追求的是一种简洁明了的审美情趣。首先突出的是几个字表面给人视觉的冲击力。楷书讲究的是一种厚度，一种分量感，笔画在字的间架结构中起着关键作用，其粗细、大小和涩润都是主体的审美和个性的表现。其次是作品中的字面意思的解读和体会。

“求索”两个字由于字面的缘故，在布局上自然呈现了上面较轻下面较重，故在创作上要有意利用这种感觉。根据字的意思，追求的是一种向上邀约的情态，给人蒸腾的动感效果。落款有意偏上一些，弥补上半部分在空间上过多的松灵。

“自强不息”四字，从笔画上分析，是多和少、疏密相间的呈现，从布局上是一个平稳的态势，是符合字面稳重的意思。在创作上要有意将“自”、“不”两字放大些，将“强”、“息”两字稍缩小些。落款有意写在“不”的下面，通过这个落款位置有意使四字产生一种不稳定感。使整个布局能在厚实稳重的基础上，有一些动感。书法创作中，如遇到字面均衡和平稳的情况下，就要运用落款的位置变化进行巧妙的弥补。

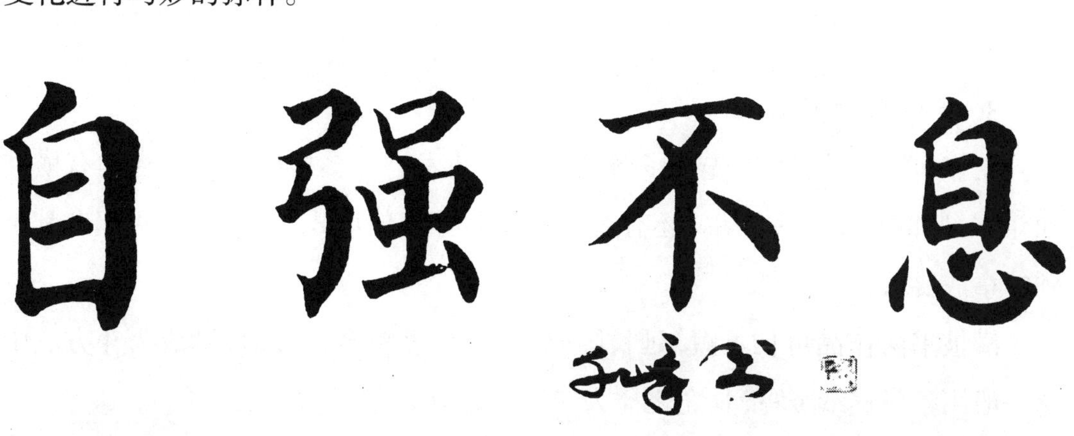

“变则通”三字，是一种竖的布局，相对比较简单。三字中“变”（繁体）、“通”是多笔画的，夹着中间笔画相对少的“则”字，一般不会呈现大起大落的问题，书写起来比较稳当，但会出现呆板之态。为求整体的变化，有意将两边款的位置进行了变化，右边的上款有意向中间靠拢，而右边的下款则略微移至左边一些，这样使得中间的“变则通”三字在稳定中有一些灵活的变动。

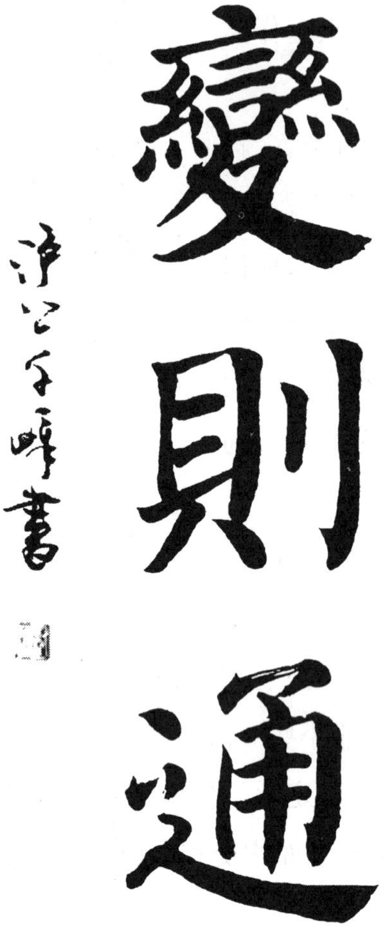

3. **多字书法作品**

创作多字类作品，首先要了解这类书法艺术有着多样的形式。横的有横披和斗方，竖的有中堂和条幅，还有对联和扇面等其他形式，每一种样式都有其独到的章法要求。

横披书法作品可长可短，延长则成为手卷，缩短至正方形，则成为斗方。中堂一般用整张宣纸竖写，长宽之比为二比一，四尺、六尺、八尺皆可。

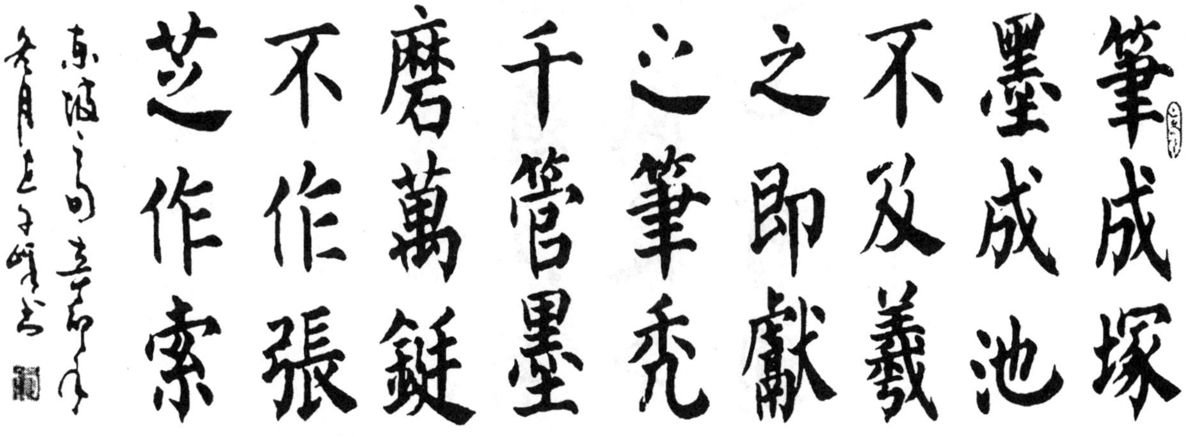
筆成冢
墨成池
不及羲
之即獻
之筆禿
千管墨
磨萬鋌
不作張
芝作索

横披

紅豆生南國
春来發幾枝
勸君多採擷
此物最相思

斗方

莫道江南隔海東
相親千里亦同風
從今若許忘形友
語縱不通心可通

明金仲山詩一首 武千嶂書

小中堂

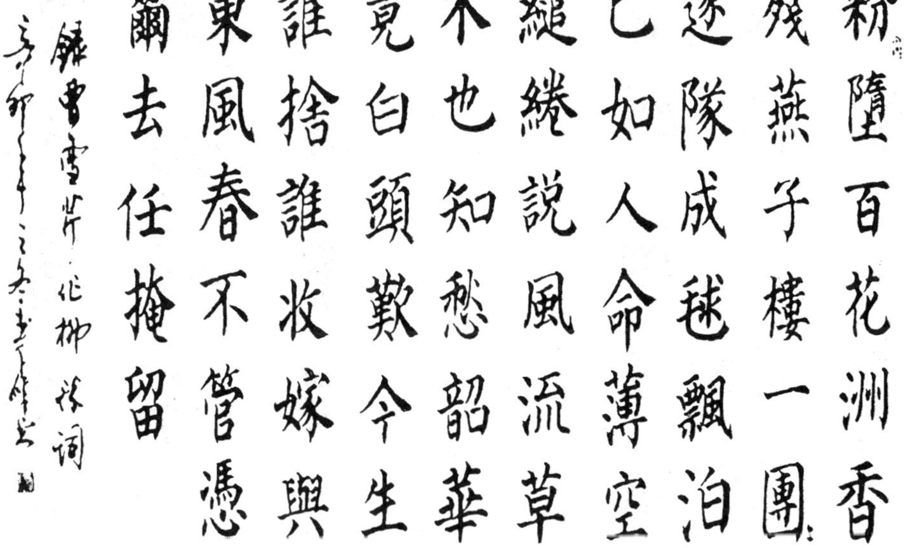
粉墮百花洲香
残燕子樓一團
逐隊成毬飄泊
已如人命薄空
繾綣說風流草
木也知愁韶華
竟白頭歎今生
誰捨誰收嫁與
東風春不管憑
爾去任掩留

横批

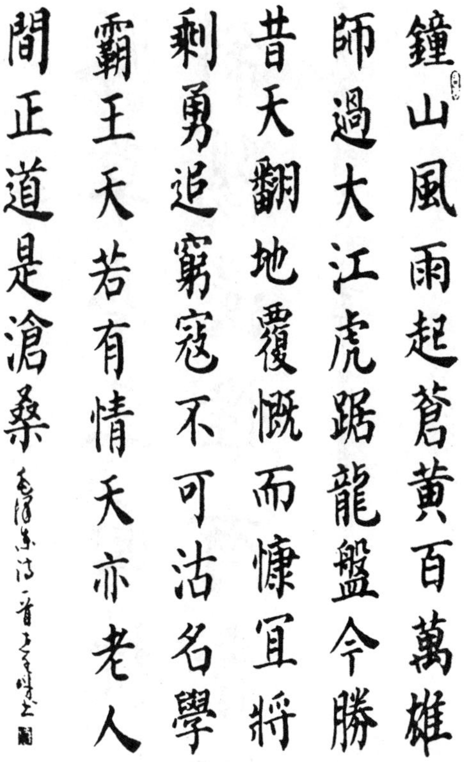
鐘山風雨起蒼黃百萬雄
師過大江虎踞龍盤今勝
昔天翻地覆慨而慷宜將
剩勇追窮寇不可沽名學
霸王天若有情天亦老人
間正道是滄桑

中堂

本页两幅作品都是以多字为主要形式呈现的，各具艺术韵味。上幅是横披形式，由于是横向展开，所以投射出一种特有的霸气。整齐的竖行隐约产生着一种正气，流动的横行带出了一丝有趣的灵动，整幅作品在这种静动的互补中展现着生动的气韵，美不胜收。

右面的这幅作品是标准的中堂。这种样式的作品，其首先要做到的是一种厚重感，通过“力能扛鼎”之笔力，还要有“稳如泰山”的字形，更要有章法上的稳定效果。创作书法作品，不管是横披还是中堂，最关键的是把握好楷书中横行和竖行的互补。一般情况下，竖行要保持整齐，行距略开。而横行就比较活泼，由于汉字本身有着大小不等的局限，书写时就要利用这种特点，进行巧妙的搭配，使整个作品具有节奏感。

古人學問無遺力少壯功夫
老始成帋上得來終覺淺絕
知此事要躬行

小中堂

小中堂

本页两幅书法是小中堂作品，一般在创作这类作品时，比较轻松，所以创作这样的作品，字的笔画可以略微“细”、“巧”，呈现一种灵动的效果。用秀气的字体和小中堂瘦而长的样式作有趣的匹配，作品将更富有艺术感染力。

在书法创作中，无论是横披、中堂还是斗方，在章法上有一个固定的法则，即行距要略大，条理清晰，整齐划一。而字与字之间的空间，一般是行距的一半，相对比较自由。在注意字本身大小的情况下，作略微的伸缩，巧妙的礼让，然而关键是要有字与字之间的联系，使其整体之“气”合而不散。

作品赏析

楷书书法在创作前夕，首先要解决的是一个整体的章法问题。在章法中要考虑几个问题：一是看字的多少，如何安排字距和行距；二是找出有多少是多笔字，有多少是少笔字；三是如何进行字和字之间的巧妙互补；四是根据内容设定是粗笔字还是细笔字；五是落款的方式和位置等。这些问题做到心中有数，下笔就有神。楷书艺术给人一个总的感觉是耿实和厚道，横竖方圆笔笔到位，间架结构出入有致，彰显着一种浩然正气。然而，呈现这种气韵的是蕴含在字里行间的“意”，即古人说的“笔断意连”之内涵，每个字看似各自为阵，其实笔与笔之间有着千丝万缕的联系，互相依托，你中有我、我中有你，营造着一种独特的“气”，一种生命。

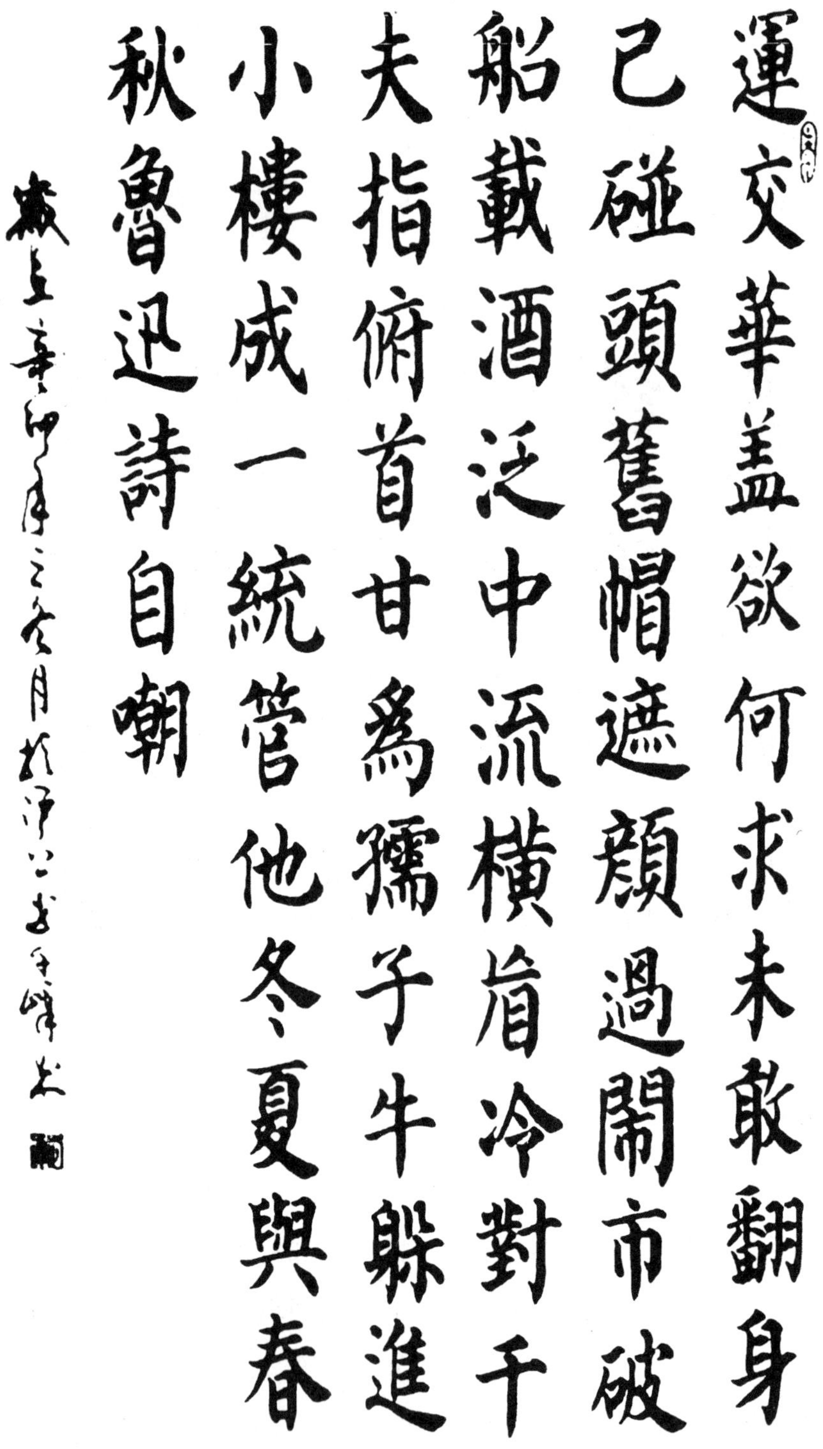
運交華蓋欲何求未敢翻身
己碰頭舊帽遮顏過鬧市破
船載酒泛中流橫眉冷對千
夫指俯首甘為孺子牛躲進
小樓成一統管他冬夏與春
秋魯迅詩自嘲

【小结】 此作品内容是比较轻松的，所以用了较细的笔画书写创作的，呈现的字形结构和章法效果吻合字面内容。

【小结】此作品内容大气而庄严，所以就运用了粗笔画进行创作，很好地展现出一种独特的气势。

在学习楷书时要很好地悟出这书法中章法的真正内含，将审美和内含合而为一。只有这样才能将看得见的和看不见的糅为一体，在“意”和“气”的引领下，在把握住每一个字的前提下，创作好每一幅作品。

怒髮沖冠憑欄處瀟瀟雨歇擡望眼仰天長嘯壯懷激烈三十功名塵與土八千里路雲和月莫等閑白了少年頭空悲切靖康恥猶未雪臣子恨何時滅駕長車踏破賀蘭山缺壯志饑餐胡虜肉笑談渴飲匈奴血待從頭收拾舊山河朝天闕

岳飛詞滿江紅

時逢辛卯年冬月於鳳凰河東岸[illegible]

4. 对联创作

对联是一种专门的艺术形式，要求上下两联绝对工整。除了字面意义上符合对联的要求外，关键是两联在形式上要求协调和统一，当然这不是僵硬的枷锁，而是在变化和互补中达成的一种和谐。如“古木無人徑，深山何處鐘”这一对联，“木和山”是竖字和横字之对、“人和處”是多笔和少笔之对。在创作中，“木”字借上下之空间，而“山”的上下字有意相挤，“人”的少笔和“處”的多笔，有意进行调剂，使左右均衡，联中产生有一种动感，规矩的五言对联，在有意的处理中产生了美感。在创作对联前，一定要先预料字形在两联中能起到什么作用，做到“意在笔先”，然后再进行创作，这是成功创作的前提。

附录：书体和星座的配对

书法是艺术家人格的显现，在字的笔画程式和间架结构中深深地烙印着独特的神韵，书法中的字是真实反映书法家性格的最好载体。反过来，依循性格（星座）去配对相应的书体，其学习的路径就要顺的多。笔者结合多年的教学经验和研究，将颜、柳、欧三体特点和（太阳）星座进行了巧妙的配对，现呈现一表，仅供教学者和初学者参考。（太阳星座是对 40 岁以前的人而言，40 岁以后为月亮星座）

（太阳）星座和书体

白羊座（ARIES） 3 月 21 日 ~4 月 19 日

容忍坚韧、蕴含活力、自信固执 …………………………………… 欧体

金牛座（TAURUS） 4 月 20 日 ~5 月 20 日

温和坚实、情绪稳定、沉着踏实 …………………………………… 欧体

双子座（GEMINI） 5 月 21 日 ~6 月 21 日

敏锐快捷、运筹帷幄、果敢担当 …………………………………… 柳体

巨蟹座（CANCER） 6 月 22 日 ~7 月 22 日

内向羞怯、充满想象、缺乏自信 …………………………………… 欧体

狮子座（LEO） 7 月 23 日 ~8 月 22 日

正直威严、自尊心强、阳刚果敢 ………………………………… 柳体

处女座（VIRGO） 8 月 23 日 ~9 月 22 日

一丝不苟、追求完美、踏实孤独 ………………………………… 柳体

天秤座（LIBRA） 9 月 23 日 ~10 月 22 日

稳健理智、和蔼可亲、感情外向 ………………………………… 颜体

天蝎座（SCORPIO） 10 月 23 日 ~11 月 21 日

果敢敏锐、深思熟虑、果腹胆识 ………………………………… 颜体

射手座（SAGITTARIUS）也称为人马座 11 月 22 日 ~12 月 21 日

率直开朗、充满激情、外向健谈 ………………………………… 颜体

摩羯座（CAPRICORNUS）也称为山羊座 12 月 22 日 ~1 月 19 日

思绪周密、冷静孤独、稳健踏实 ………………………………… 柳体

水瓶座（AQUARIUS） 1 月 20 日 ~2 月 18 日

独立执著、耿直坦率、逻辑概念 ………………………………… 柳体

双鱼座（PISCES） 2 月 19 日 ~3 月 20 日

喜欢幻想、崇尚自由、善于变化 ………………………………… 颜体

图书在版编目(CIP)数据

数字书法入门教程:楷书/武千嶂著.—上海:复旦大学出版社,2013.3(2017.8重印)
ISBN 978-7-309-09349-0

Ⅰ.数… Ⅱ.武… Ⅲ.学前儿童-楷书-书法-幼儿师范学校-教材 Ⅳ.G613.6

中国版本图书馆CIP数据核字(2012)第271382号

数字书法入门教程:楷书
武千嶂 著
责任编辑/查 莉

复旦大学出版社有限公司出版发行
上海市国权路579号 邮编:200433
网址:fupnet@fudanpress.com http://www.fudanpress.com
门市零售:86-21-65642857 团体订购:86-21-65118853
外埠邮购:86-21-65109143 出版部电话:86-21-65642845
上海华业装潢印刷厂有限公司

开本890×1240 1/16 印张7 字数104千
2017年8月第1版第2次印刷

ISBN 978-7-309-09349-0/G·1142
定价:24.00元

如有印装质量问题,请向复旦大学出版社有限公司发行部调换。
版权所有 侵权必究